C.H.BECK WISSEN

Die Welfen sind das älteste europäische Fürstenhaus. Vom Aufstieg in der Reichsaristokratie der Karolingerzeit über den Erwerb von Königswürden und Kaisertum bildet die Geschichte der Welfen ein Beispiel für mittelalterliches Fürstentum europaweiter Bedeutung. Die Personalunion mit Großbritannien bildet einen der Höhepunkte. Ein faszinierendes Panorama europäischer Adelsgeschichte vom Mittelalter bis in die Gegenwart.

Thomas Vogtherr ist Professor für Geschichte des Mittelalters an der Universität Osnabrück und Vorsitzender der Historischen Kommission für Niedersachsen und Bremen.

Thomas Vogtherr

DIE WELFEN

Vom Mittelalter bis zur Gegenwart

Verlag C.H.Beck

Originalausgabe

Wilhelmstraße 9, 80801 München, info@beck.de

www.chbeck.de
Umschlagentwurf: Uwe Göbel, München
Umschlagabbildung: Wappen der Welfen, Holzschnitzerei von Erasmus
Grasser, um 1480 © Bildarchiv Hansmann / Interfoto
Satz: Fotosatz Amann, Memmingen
Druck und Bindung: Druckerei C.H.Beck, Nördlingen
Printed in Germany
ISBN 978 3 406 66177 8

MIX
Papier | Fördert
gute Waldnutzung
FSC® C019821

verantwortungsbewusst produziert
www.chbeck.de/nachhaltig
produktsicherheit.beck.de

Inhalt

I. Die Suche nach dem Ursprung im Karolingerreich: Die Älteren Welfen in Burgund und in Schwaben (9.–11. Jh.)

819 begegnet die Familie der Welfen erstmals in der Überlieferung. In zweiter Ehe heiratet Kaiser Ludwig der Fromme (814–840), Sohn Karls des Großen, Judith, die Tochter eines Grafen oder Herzogs Welf aus Bayern und seiner Frau Heilwig, einer gebürtigen Sächsin. Von großer Schönheit sei Judith gewesen, berichtet ein Zeitgenosse. Vor allem aber gehörte sie besten Kreisen an. Genaueres ist darüber nicht auszumachen, aber die Wahl des verwitweten Kaisers war auf die Angehörige einer Familie gefallen, die am Hofe bekannt, im ausgedehnten Reich der Karolinger begütert war und deswegen wohl auch politisch einflussreich gewesen sein dürfte. Die Familie der Welfen gehörte der Reichsaristokratie an, die die Herrschaft der Kaiserfamilie stützte, den Karolingern gegenüber aber auch politische Mitwirkungsrechte geltend machte: den Konsens zur herrscherlichen Politik oder eben dessen Verweigerung.

Wie sehr die Familie der Judith im Zentrum des karolingischen Adels stand, wird an einer zweiten, nicht weniger spektakulären Hochzeit deutlich. Judiths jüngere Schwester Hemma heiratete etwa 825/827 Ludwigs des Frommen Sohn, den späteren König Ludwig II. «den Deutschen» (833/840–876). Bemerkenswert daran ist nicht nur, dass ihre ältere Schwester gleichzeitig zur Stief-Schwiegermutter Hemmas wurde, sondern wichtiger ist, dass in kaum zehn Jahren eine zweite Heirat der Welfen in die Familie der Karolinger zustande kam. Die Welfen, eben aus dem Nichts der frühmittelalterlichen Quellenüberlieferung aufgetaucht, muss man sich als eine der führenden Familien vorstellen, aus denen Ehepartner zu gewinnen für die Angehörigen des Kaiserhauses ebenso attraktiv wie naheliegend gewesen sein muss.

Nahezu zwölf Jahrhunderte später hat eine geschichtswissenschaftlich avancierte Forschung die Voreingenommenheit früherer Vermutungen über die Herkunft der Welfen beiseite geräumt. Man hat gelernt, sehr verschiedene und scheinbar unvereinbare Detailinformationen zu einem plausiblen Bild der Herkunft dieser Familie zu verdichten. Immer noch bleibt manches spekulativ, aber es hat sich ein Konsens herausgebildet, wonach zwei verhältnismäßig gut belegte Grafen namens Ruthard und Warin aus der Mitte des 8. Jahrhunderts zu den Vorfahren Welfs und seiner Töchter Judith und Hemma zu zählen sind. Sie amtierten in Alemannien und mögen dort auch zu Hause gewesen sein, jedenfalls waren sie dort ebenso begütert wie in Franken und Thüringen. Und nimmt man noch die Tatsache hinzu, dass sich welfischer Besitz und Einfluss im 9. Jahrhundert konzentriert um das mittelfranzösische Auxerre an der Yonne findet, dann dürften die Welfen ihren Anfang im jungen Karolingerreich als Hochadelsfamilie von europäischem Rang genommen haben. Eine dynastische Geschichte, gekennzeichnet vom ständigen Auf und Ab in den politischen Parteiungen und Verwicklungen des 9. und 10. Jahrhunderts, beginnt sich zu entwickeln, jedoch keineswegs bruchlos in der familiären Kontinuität.

Es ist eine der Eigentümlichkeiten von Verwandtschaftsverbänden jener Zeit, dass sie eben nicht im Sinne späterer Jahrhunderte als Familien, als Dynastien erkennbar werden und dass die Folge ihrer Angehörigen in der Abfolge von Vätern auf Söhne nicht immer eindeutig zu rekonstruieren ist. Auch die Welfen machen dabei keine Ausnahme. So gut die beiden Generationen um die Mitte des 9. Jahrhunderts greifbar sind, so wenig wird deutlich, in welchen verwandtschaftlichen Beziehungen die Angehörigen späterer Generationen zu ihnen standen.

Vieles spricht dafür, dass sich die Welfen in zwei Zweige aufteilten. Beide gehen auf den jüngeren Bruder der beiden genannten Ehefrauen karolingischer Herrscher zurück, auf einen Grafen namens Konrad (I.) der Ältere († nach 862), der im schwäbischen Schussengau amtierte. Drei Söhne hatte dieser Graf: Konrad (II.) den Jüngeren, dessen Sohn als Rudolf I. König von Hochburgund (888–912) werden sollte, Hugo «den Abt» (Abbas) († 886), der gegen Ende seines Lebens faktisch der Herrscher des Westfrankenreiches war, und Welf I. († nach 858), der als Graf in Alemannien zum Stammvater der schwäbischen Welfen wurde. Drei Brüder mit bedeutenden Positionen in den fränkischen Teilreichen der ausgehenden Karolingerzeit: Die Welfen waren eine wahrhaft reichsumspannende Familie.

Die Könige von Hochburgund, die man nach dem ersten in der Reihe dieser Herrscher die Rudolfinger nennt – womit man gleichzeitig ihre eindeutige Zugehörigkeit zu den Welfen unterschlägt –, amtierten in diesem Reich bis 1032. In einer geographisch ungünstigen Lage zwischen dem West- und dem Ostfrankenreich, zudem in einer verkehrstechnisch schlecht erschlossenen Vorgebirgslandschaft entwickelte sich das Königreich Hochburgund weitaus weniger erfolgreich als die benachbarten Königreiche im Westen und Osten. Zudem waren die welfischen Rudolfinger im Wesentlichen darauf bedacht, durch eine geschickte Heiratspolitik den Bestand ihrer Königsherrschaft gegen äußere Eingriffe abzusichern. Auf diese Weise kamen sie anfangs des 10. Jahrhunderts auch in den Besitz von Niederburgund, im Wesentlichen also der Provence. Zunehmend lehnten sich die Könige an das Ostfränkische Reich an, vor allem seit Konrad (III.) (937–993), der seine Herrschaft nur dank der Unterstützung des ostfränkischen Königs Otto I. (936–973, Kaiser 962) hatte erhalten können. Als König Rudolf III. von Burgund (993–1032) die Nachfolge in seinem Reich regelte, tat er dies im Interesse des Kaisers Heinrich II. (1002–1024) aus der Familie der Ottonen, während als tatsächlicher Erbe des Königreichs erst dessen Amtsnachfolger, der Salier Konrad II. (1024–1039), zum Zuge kommen sollte. Die welfischen Könige von Burgund waren während der Karolingerzeit das einzige Geschlecht, dem die Bildung einer Königsdynastie auf dem Boden des karolingischen Großreiches gelang. Seltsam genug, dass die Erinnerung an diesen königlichen Zweig in der weiteren Geschichte der Welfen kaum mehr gepflegt wurde.

Statt dessen beriefen sich die Geschichtsschreiber späterer Jahrhunderte viel häufiger auf die weniger gut bezeugte und in ihrer Bedeutung hinter den welfischen Rudolfingern zurückstehende gräfliche Linie der Welfen, die man gemeinhin als die «Älteren Welfen» bezeichnet und die man durch diese Bezeichnung von den «Jüngeren Welfen» nach dem genealogischen Bruch des Jahres 1055 unterscheidet. Diese «Älteren Welfen» stellen die Forschung bis heute vor erhebliche genealogische Probleme, denn ihre Stammfolge ist nicht wirklich gesichert. Die heutige Anschauung von diesem Zweig der Welfen basiert zu erheblichen Teilen auf gelehrten Rekonstruktionen, deren Grundlage die keineswegs widerspruchsfreien oder gar lückenlosen Nachrichten von Geschichtsschreibern darstellen, die ihre Werke aus der späteren Rückschau verfassten. Weder in der Angabe von Namen und Verwandtschaftsbezeichnungen ließen sie viel Mühe walten, noch unternahmen sie vor dem frühen 12. Jahrhundert erkennbar den Versuch, das Gesamte einer Familiengeschichte deutlich vor Augen treten zu lassen. Unter diesen Vorbehalt muss man stellen, was man über diesen Zweig der Familie zwischen der Mitte des 9. und dem Beginn des 11. Jahrhunderts zu wissen glaubt. Das Wissen ergibt einen in sich schlüssig erscheinenden Ablauf, der in einzelnen Mitgliedern der Familie geradezu idealtypische Formen adligen Lebens und Wirkens ihrer Zeit spiegelt.

Das beginnt mit Welfs I. Sohn Eticho († um 910), dem Generationsgenossen des ersten hochburgundischen Königs Rudolf I.: Dass er an dieser Stelle der Stammtafel unterzubringen ist, wird damit begründet, dass seine Großmutter aus der Adelsfamilie der Etichonen stammte und den Namen in der Familie der Welfen weitergegeben haben dürfte, weswegen möglicherweise auch zwei Generationen später dieser Name bei den Welfen noch einmal wieder erscheint. Diese Form der genealogischen Zuordnung aufgrund sogenannter Leitnamen, die oftmals von Großeltern auf Enkel übertragen wurden, basiert auf Forschungserkenntnissen und gilt als plausibel; sicher im Sinne eines Beweises ist sie nicht.

Dass auf Eticho dann wirklich ein Graf namens Heinrich gefolgt ist, den die welfische Geschichtsschreibung als «Heinrich mit dem goldenen Pflug/Wagen» bezeichnete, ist ebenso plausibel und ebenso wenig sicher. Seinen Namen verdankt er einer

- Graf Welf † 825 (?)
  - Judith † 843, verh. Ks. Ludwig der Fromme
  - Hemma † 876, verh. Kg. Ludwig der Deutsche
  - Gf. Konrad d. Ä. † nach 862
    - Rudolf I. Kg. von Burgund 888–912
      - Rudolf II. Kg. von Burgund 912–937
        - Konrad Kg. von Burgund 937–993
          - Rudolf III. Kg. von Burgund 993–1032
    - Süddeutsche Welfen u.a. Heinrich «mit dem goldenen Wagen»
      - Graf Welf II. † 1030
        - Welf III. Hz. von Kärnten † 1055
        - Kuniza † vor 1055, verh. Albert/Azzo von Este
          - Welf IV. Hz. von Bayern † 1101
            - Welf V. Hz. von Bayern † 1120
            - Heinrich der Schwarze Hz. von Bayern † 1126
              - Heinrich der Stolze Hz. von Bayern † 1139
                - Heinrich der Löwe Hz. von Sachsen und Bayern (bis 1180) † 1195
                  - Wilhelm von Lüneburg † 1212/13
                  - Otto IV. Röm.-Dt. König 1198, Ks. 1209, † 1218
                  - Heinrich Pfalzgraf bei Rhein † 1227

Die Welfen im frühen und hohen Mittelalter

Anekdote, die verdeutlichen soll, wie nahe seine Familie politisch dem Herrscher stand. Von einem Kaiser Ludwig habe er so viel Land zugesagt bekommen, wie er mit einem Pflug in einer bestimmten Zeit habe markieren können. Heinrich habe sich daraufhin einen Wagen mit einem goldenen Pflug und Reitpferden besorgt, die er in Windeseile immer wieder gewechselt habe, und habe trotz des Widerstrebens des überlisteten Herrschers den offensichtlich riesigen Landbesitz überwiesen bekommen. Über den Wahrheitsgehalt solcher Anekdoten zu streiten, ist müßig. Wichtig ist die dahinter stehende Botschaft. Ein einfallsreicher, dem König wohlbekannter Adliger greift im Interesse seiner Familie zu einer List und obsiegt. Aus diesem Holze geschnitzt sind die Welfen: Das war die Quintessenz.

Wieder eine Generation später taucht unter den schwäbischen Welfen erstmals ein hochrangiger Geistlicher auf: Bischof Konrad I. von Konstanz (934–975). Er war ein klassischer Vertreter jener ottonischen Reichsbischöfe, die in enger Verbindung mit dem König bzw. Kaiser des Reiches – in diesem Falle mit Otto I. dem Großen (936–973, Kaiser seit 962) – in der Reichspolitik wirkten, die als hochgebildete Kirchenfürsten ebenso selbstverständlich für die geistlichen Belange ihrer Bistümer eintraten und die sich schließlich durch individuelle Besonderheiten hervortaten. Im Falle des welfischen Bischofs Konrad von Konstanz war dies eine ausgedehnte Reise- und Bautätigkeit. Er reiste nach Rom und Jerusalem, brachte von dort Anregungen für Kirchenstiftungen und -bauten mit, errichtete nach dem Vorbild der römischen Patriarchalkirchen neue Gotteshäuser in seiner Bischofsstadt und ließ einen Rundbau neben dem Dom erbauen. Der Bau wies die Form der Grabeskirche in Jerusalem auf und wurde auf den Namen des Heiligen geweiht, den Otto I. mit der Gründung eines Klosters am Ort des späteren Magdeburger Doms ehrte und dessen Lanze er 955 bei der Schlacht auf dem Lechfeld gegen die Ungarn mit sich führte: den Märtyrer Mauritius aus der Thebäischen Legion, dessen Hauptverehrungsstätte das Kloster St. Maurice d'Agaune im welfischen Königreich Burgund war. So schließen sich die Kreise der Verwandtschaft noch Jahrzehnte nach der Trennung in verschiedene

Linien in der Verehrung desselben Märtyters. Konrad von Konstanz selbst wurde 1123 heiliggesprochen und damit zum ersten Heiligen aus der Familie der Welfen.

Der ältere Bruder jenes Bischofs Konrad, Rudolf, wurde möglicherweise als erster Welfe im Kloster Altdorf(-Weingarten) bestattet. Er hatte eine vorteilhafte Ehe mit Ita von Öhningen geschlossen. Über die Verwandtschaft dieser Frau ist seit vielen Jahren eine Forschungskontroverse entstanden, die bisher nicht gelöst werden konnte, die aber beispielhaft zeigt, wie wenig detailsicher die zeitgenössischen Quellen des hohen Mittelalters über die genealogischen Verbindungen unterrichten. Sie sei, so heißt es, eine Enkelin Kaiser Ottos I. gewesen, sei mit Königen, Herzögen und Grafen verschwägert, stamme also aus bestem Hause. Das alles hat sich bei genauer Untersuchung nicht widerspruchsfrei klären lassen, zumal nicht einmal deutlich ist, ob es denn nur diesen einen Rudolf oder aber einen Vater und einen Sohn gleichen Namens gegeben hat. Aber wieder kommt es weniger auf die Frage an, ob die Quellen wirkliche Verwandtschaften und Abstammungen wiedergeben, als vielmehr darauf, wie die Welfen und ihre Ehefrauen gesehen werden wollten: als gleichrangig zum Hochadel, ja zu Königen ihrer Zeit. Dass die königsgleichen schwäbischen Welfen folgerichtig auch den Taufnamen Rudolf benutzten, wie dies ihre königliche Verwandtschaft in Burgund tat, passt ebenso in dieses Bild wie die Tatsache, dass der Name bei den schwäbischen Welfen in dem Moment verschwindet, in dem das burgundische Königtum der Welfen mit dem letzten König Rudolf III. endet.

Erst mit Welf II. († 1030), einem in Alemannien und Bayern amtierenden Grafen, und seiner Frau Imiza aus der Familie der Grafen von Luxemburg, die ihren Mann um eine Generation überlebte, betritt man bei der Abfolge der welfischen Familienmitglieder endgültig sicheren Boden. Nun ist keine genealogische Spekulation mehr vonnöten, um das Kernproblem zu erfassen, dem sich die Welfen gegenübersahen. Welf II. hatte zwei Kinder, Welf III. und eine Tochter namens Kuniza/Kunigunde. Welf III., von Kaiser Heinrich III. zum Herzog von Kärnten ernannt und damit mit einer der wichtigsten Aufgaben im Bereich der Südostgrenze des Römisch-Deutschen Reiches beauftragt, starb kinderlos bereits 1055. Damit war der welfische Besitz herrenlos, denn auch seine jüngere Schwester Kuniza war zu diesem Zeitpunkt bereits gestorben.

Dies war die Stunde der immer noch lebenden Mutter Imiza. Sie muss eine strategisch denkende, kluge und willensstarke Frau gewesen sein, die die Interessen ihrer Nachkommenschaft entschieden und erfolgreich vertrat. Das begann mit dem Bruch eines Testaments ihres Sohnes: Welf III. hatte in Angesicht des Todes seinen kompletten Besitz an das Kloster Altdorf vergeben, das zum welfischen Hauskloster geworden war und sich seit langem der Förderung durch die Familie erfreute. Imiza gelang es nun, statt dieser Aufgabe des Familienbesitzes mit der Zustimmung ihres Schwiegersohnes, des italienischen Markgrafen Albert/Azzo (II.) d'Este, dessen Sohn aus seiner Ehe mit Kuniza, Welf IV., als Erben des welfischen Besitzes nach Deutschland zu holen. Mit ihm wurde ein neues Kapitel der welfischen Geschichte aufgeschlagen, das der «Jüngeren Welfen».

Der Einschnitt des Jahres 1055 scheint auf den ersten Blick nicht tiefgreifend. Freilich gilt eine solche Feststellung nur dann, wenn man die dynastische, auf genealogische Kontinuität und Erbfolge in männlicher Linie ausgerichtete Sichtweise des Mittelalters unberücksichtigt lässt. Nimmt man genau diese, damals völlig selbstverständliche Sichtweise aber ernst, dann wird der Übergang von den Älteren zu den Jüngeren Welfen zu einem Vorgang, der nahezu jede Form von adliger Kontinuität gefährdete: Das Erbe des in männlicher Linie ausgestorbenen Geschlechts wurde auf einen Nachkommen in weiblicher Linie übertragen, der überdies nicht einmal im nordalpinen Teil des Römisch-Deutschen Reiches aufgewachsen war. Das kam einem familiären Neuanfang gleich und war ausgesprochen unsicher, denn Welf IV. hatte 1055 noch keinerlei eigene Nachkommen, so dass man auf dynastische Kontinuität damals bestenfalls hoffen konnte. Zunächst und aus dem Blickwinkel des Jahres 1055 war nicht viel anderes geschehen, als dass ein hochrangiges europäisches Adelsgeschlecht am Rande seiner Fortexistenz stand.

2. Familiärer Neuanfang: Die Jüngeren Welfen in Bayern und Schwaben

Welf IV. war südlich der Alpen erwachsen geworden, mag eher durch das Umfeld Italiens geprägt worden sein, hat aber nach seinem Wechsel in den Norden schnell Fuß gefasst und sich als ebenso energischer Vertreter der Familieninteressen erwiesen. Ein Jahr nach seiner Ankunft starb unerwartet früh der damalige Kaiser Heinrich III. (1039–1056), dessen letzte Herrschaftsjahre von zunehmender Opposition aus fürstlichen Kreisen bestimmt waren. Sein Nachfolger Heinrich IV. (1056–1105) war zum Zeitpunkt des Amtsantritts noch minderjährig und kaum zu eigenem Handeln fähig. In den Jahren der Minderjährigkeitsregierung über den jungen König trat Welf IV. zunächst kaum irgendwo außerhalb Bayerns in Erscheinung. Durch eine Heirat mit der Tochter des bayerischen Herzogs Otto von Northeim bald nach 1061 machte er jedoch innerhalb des Herzogtums den Anspruch auf eine führende Rolle geltend. Freilich erreichte er das Amt des Herzogs selbst lediglich im Konflikt: Sein Schwiegervater hatte sich gegen Heinrich IV. gestellt, Welf selbst hatte sich daraufhin von seiner Ehefrau getrennt und damit die Voraussetzungen geschaffen, von Heinrich IV. in der sächsischen Königspfalz Goslar zu Weihnachten 1070 mit dem Herzogtum Bayern belehnt zu werden. Dass die Großen Bayerns dieser Zeremonie fernblieben, war eine politisch begründete Provokation: Sie setzten sich in der Folgezeit ganz offen für den Verbleib Ottos von Northeim im Amt des Herzogs ein. Es sollte bei weitem nicht der letzte Fall offener Auseinandersetzungen um ein welfisches Herzogtum im hohen Mittelalter bleiben, und auch das politische Taktieren welfischer Herzöge gegenüber dem Herrscher sollte sich wiederholen.

Die Jahre nach 1070 gehören zu den bewegtesten Jahren der an Abwechslungsreichtum ohnehin nicht armen Geschichte der

Welfen. Welf IV., offensichtlich den Gedanken der Kirchenreform im päpstlichen Sinne nicht fernstehend, gründete 1073 auf eigenen Besitzungen in Rottenbuch ein Kanonikerstift, das einer der wichtigsten Kristallisationspunkte der Reformen im Süden Deutschlands werden sollte. In den Auseinandersetzungen des beginnenden Investiturstreits wurde Welf zum Parteigänger des Papstes, nahm an der Wahl eines Gegenkönigs gegen Heinrich IV. teil, wurde daraufhin geächtet und zur Flucht gezwungen, verlor faktisch den Zugriff auf seine bayerischen Güter, konnte aber an einer wichtigen Stelle die Aktivitäten des Saliers nachhaltig stören: Gemeinsam mit dem Augsburger Bischof Wigold (1077–1088) führte er einen jahrelangen Kleinkrieg mit dem König in der Region zwischen Schwaben und den zentral wichtigen Alpenpässen an der bayerischen Südgrenze, die für jeden mittelalterlichen König von erheblicher strategischer Bedeutung waren.

Ähnlichen Zielen galt auch die Verheiratung von Welfs IV. gleichnamigem Sohn Welf V. mit der Markgräfin Mathilde von Tuszien († 1115) im Jahre 1089. Die wesentlich ältere Ehefrau, bekanntlich die Gastgeberin des Treffens zwischen Heinrich IV. und Papst Gregor VII. auf ihrer Burg in Canossa 1077, war reich begütert und politisch mächtig. Eine Ehe mit dieser Fürstin würde die welfische Herrschaft auch in Italien gestärkt haben können und hätte die propäpstliche Position Welfs IV. und seines Sohnes nachhaltig bestätigt. Freilich traten diese Effekte nicht ein: Heinrich IV. besetzte die strategischen Punkte der Mathildischen Güter, und ohnehin soll sie ihre Besitzungen insgeheim bereits dem Papst übertragen haben. So war Welfs V. Reaktion vorauszusehen: Er trennte sich 1095 von seiner Ehefrau, zog wieder nach Norden über die Alpen nach Bayern und begann gemeinsam mit seinem Vater eine langsame politische Wiederannäherung an Heinrich IV., der den Vater dann 1098 als Herzog von Bayern wieder in sein Amt einsetzte. Welf IV. hatte seinen Frieden gefunden, wie es scheint: Er nahm noch an dem militärisch gescheiterten Kreuzzug des Jahres 1100/1101 nach Jerusalem teil, starb 1101 auf Zypern und wurde im welfischen Kloster Weingarten beigesetzt.

Seine Nachfolge als Herzog von Bayern konnte sein Sohn Welf V. († 1120) antreten. Wenig nur weiß man über seine Zeit in Bayern, kaum mehr über seine politischen Aktivitäten auf Reichsebene, zunächst im Sinne einer Aussöhnung zwischen den salischen Kaisern Heinrich IV. und Heinrich V. (1106–1125), später dann zwischen Heinrich V. und dem Papst. Italien geriet zu Zeiten Welfs V. aus dem Fokus der Familienpolitik, die sich nun zunächst ausschließlich auf die Gebiete nördlich der Alpen konzentrierte. Aber erst 1174 sollten die verbliebenen welfischen Besitzungen in Italien endgültig an den staufischen Kaiser Friedrich I. (1152–1190) verkauft werden. Als Welf V. kinderlos starb, wurde sein Bruder Heinrich «der Schwarze» († 1126) für wenige Jahre sein Nachfolger. So kurz seine Amtszeit auch war: Er wirkte an gleich zwei wichtigen Weichenstellungen jener Jahre entscheidend mit: Heinrich «der Schwarze» war 1122 an den Verhandlungen zwischen Kaiser und Papst beteiligt, die zum Wormser Konkordat führen sollten. Drei Jahre später, nach Heinrichs V. Tod 1125, mag der Welfe dann daran gedacht haben, den staufischen Herzog Friedrich von Schwaben, seinen Schwiegersohn, zum König erheben zu lassen. Jedoch avancierte er in der Öffentlichkeit stattdessen zum Königsmacher des sächsischen Herzogs Lothar, eines Grafen von Süpplinburg. Wer, wie dies für Generationen von Historikern galt, einen staufisch-welfischen Gegensatz geradezu zum bestimmenden Element der deutschen Geschichte des 12. Jahrhunderts machen wollte, der fand in diesem Frontwechsel Heinrichs des Schwarzen einen der Urgründe dafür. Wer im Gegensatz dazu die engen Verbindungen zwischen den beiden deutschen Hochadelsgeschlechtern besonders betonen wollte, der verwies auf die enge Verwandtschaft in dieser und den folgenden Generationen.

Auf dem Weg in den deutschen Norden war also schon Heinrich «der Schwarze» ein gutes Stück vorangekommen. Dazu hatte vor allem seine Heirat mit der Billungerin Wulfhild beigetragen, der Tochter des sächsischen Herzogs Magnus. Nach dem Tode seines Schwiegervaters 1106 erbte Heinrich erhebliche Teile des billungischen Familienbesitzes um Lüneburg, die zum Kern des späteren welfischen Hausbesitzes zwischen der

Elbe und dem Harz werden sollten. Drei Söhne und vier Töchter entstammten dieser Ehe. Die beiden ältesten Söhne Heinrich der Stolze und Welf VI. setzten die weltliche Herrschaft der Familie fort, ein jüngerer Sohn namens Konrad († 1154) wurde Zisterziensermönch, pilgerte ins Heilige Land und wird seit 1832 als Seliger verehrt.

Heinrich der Stolze ging einen weiteren Schritt der Welfen in Richtung Sachsen, der sich als ausgesprochen folgenreich erweisen sollte. Wie sein Vater die Billungererbin Wulfhild geheiratet hatte, so heiratete er selbst 1127 die Tochter König Lothars III., Gertrud, die nach dem Tode des Königs große Teile von dessen Besitzungen im Vorharzgebiet erben sollte. Möglicherweise schon zu dieser Zeit mag Heinrich der Stolze auch Herzog von Sachsen geworden sein und damit zwei Herzogtümer in Besitz gehabt haben. Freilich war der Kampf um Bayern alles andere als entschieden. Mit militärischer Macht musste sich Heinrich den Weg in die bayerische Herzogsstadt Regensburg erkämpfen und konnte sich in den eskalierenden Auseinandersetzungen nur mit Hilfe seines königlichen Schwiegervaters durchsetzen. Gemeinsame Gegner Heinrichs des Stolzen und König, seit 1133 Kaiser Lothars III. waren die Staufer, an deren Spitze sich der schwäbische Herzog Konrad 1127 zum Gegenkönig hatte ausrufen lassen. Die offenkundig unverbrüchliche Treue des Welfen zum Herrscher und umgekehrt dessen Waffenhilfe im welfischen Kampf um Bayern schmiedeten ein politisches Tandem zusammen, das auf Gedeih und Verderb aufeinander angewiesen war. Das spiegelte sich auch in der Tatsache, dass der frisch gekrönte Kaiser in Rom durch den Papst nicht nur selbst mit den Mathildischen Gütern in Oberitalien belehnt wurde, sondern dass in diese Belehnung auch Heinrich der Stolze und dessen Frau Gertrud mit einbezogen wurden. So lag es in der allgemein anerkannten Logik der politischen Verhältnisse, dass Lothar III. im Angesicht des Todes 1137 seinem Schwiegersohn Heinrich dem Stolzen, dem mächtig gewordenen Herzog von Bayern und Sachsen, die Throninsignien übergab, womöglich um ihn dadurch als seinen gewünschten Nachfolger zu bezeichnen.

Jedoch sollten sich die Ereignisse nach Lothars III. Tod überschlagen. Nahezu staatsstreichartig wurde im März 1138 nicht etwa Heinrich, sondern sein machtpolitischer Konkurrent, der Staufer Konrad, als Konrad III. zum König gewählt. Drei Monate später musste der Welfe anerkennen, dass er sich gegen diese Wahl nicht würde durchsetzen können. Sein Beiname «der Stolze» verrät sprechend, warum: Stolz galt beileibe nicht als Tugend, sondern als Sünde. Arroganz gegen Standesgenossen, gepaart mit einem Anspruch auf selbstverständliche Übernahme politischer Macht, war keine Voraussetzung dafür, König werden zu können, sondern ein Hinderungsgrund. Der neue König und seine Fürsten ließen mit den Gegenmaßnahmen nicht auf sich warten. Im August 1138 wurde Heinrich der Stolze geächtet und verlor das Herzogtum Sachsen, im Dezember wurde ihm zusätzlich auch das Herzogtum Bayern genommen. In Sachsen folgten kurzzeitig die Askanier, in Bayern für etwas längere Zeiten die Babenberger. Zwar hatte Heinrich der Stolze nicht widerstandslos aufgeben wollen und konnte im Kampf um Sachsen auch einige Erfolge verzeichnen, aber am 20. Oktober 1139 starb er plötzlich. Gerüchte um einen Giftmord am knapp Vierzigjährigen machten die Runde. Sein Bruder Welf VI. wurde unversehens zum einzig politisch handlungsfähigen Welfen, während Heinrichs des Stolzen Sohn Heinrich der Löwe zum Zeitpunkt des Todes seines Vaters noch minderjährig war und die eigenen Interessen nicht vertreten konnte. Wieder einmal stand die Kontinuität der welfischen Dynastie auf brüchigem Fundament.

3. Welfengeschichten I: Die Historia Welforum

Zwischen 1167 und 1174 entstand eine Aufzeichnung zur Geschichte der Welfen, deren Zweck es nach den ersten Worten dieses Textes war, «mit größter Sorgfalt die Generationen unserer Fürsten zu erforschen». Wer so schrieb, wissen heutige Historiker nicht zu sagen, denn das Werk trägt keinen Verfassernamen. Eine genaue Interpretation des Textes führt aber immerhin zu zwei möglichen Entstehungsgebieten: Wahrscheinlich ist die Entstehung am Hofe Welfs VI., für möglich gehalten wird aber auch, dass der unbekannte Autor in näherem Zusammenhang mit Herzog Heinrich dem Löwen gestanden hat. Die letzte datierbare Nachricht in der Historia Welforum ist die Beisetzung Welfs VII. († 12. September 1167) in der welfischen Klostergründung Steingaden. Nicht mehr erwähnt wird, dass im Jahre 1174 der welfische Besitz in Italien an Kaiser Friedrich I. Barbarossa verkauft wurde. Daraus ergibt sich die Datierung des Textes auf die wenigen Jahre rund um 1170.

Die Historia Welforum ist, wie ihr Editor Erich König es formulierte, «die älteste ausführliche Familiengeschichte des abendländischen Schrifttums überhaupt». Dass König sie 1938 in seiner Ausgabe gleichzeitig «heutigen Sippenforschern noch als Vorbild» empfahl, war sehr zeitbedingt und wird heute weder im Ausdruck noch in der Sache so gesehen, wie es vor einem Dreivierteljahrhundert für richtig gehalten wurde. Freilich bleibt auch für heutige Historiker der Respekt vor der Leistung eines unbekannten Geschichtsschreibers, der sich redlich bemühte, aus seiner Zeit mehr als dreieinhalb Jahrhunderte in die Vergangenheit der eigenen Familie zurückzuschauen. Als ersten namentlich bekannten Angehörigen der Familie der Welfen nennt der Verfasser der Historia Welforum Welf I., den 819 in den Quellen belegten Vater der Judith und der Hemma. Auf diesen Informationen beruhen bis heute wesentliche Teile unserer Kenntnis der welfischen Frühgeschichte in der Zeit der Karolinger.

Weit vor diesem Zeithorizont sucht die Historia nach möglichen Ursprüngen welfischer Geschichte in der Antike. Das war ein zeittypisches Vorhaben, diente dazu, mittelalterlichen Familien ein möglichst hohes Alter und eine möglichst eindrucksvolle Vergangenheit zuweisen zu können, und führte im Allgemeinen bis zu den Helden des Trojanischen Krieges zurück. So auch im Falle der Welfen: Die Historia will zunächst erklären, wie es zu der ungewöhnlichen Namensgebung Welf/Welfen gekommen sei und führt diesen Namen auf den römischen Catilina zurück, dessen Name einfach eingedeutscht worden sei. Danach bedeutet der Name so viel wie «Welpe, junger Hund», aber auch «junger Löwe». Noch über den römischen Catilina hinaus geht die Vermutung des Autors, die Welfen seien von fränkischer Abstammung, die Franken selbst aber gingen auf die Trojaner zurück, und deswegen seien die Welfen mindestens mittelbar Trojanerabkömmlinge. Das hat für moderne Leser nichts Seriöses an sich, sondern mutet wie eine Fabelei an. Wichtig ist es aber, festzuhalten, dass hinter solchen Geschichten ein politischer Anspruch stand, den der Verfasser der Historia Welforum auch mit wünschenswerter Deutlichkeit formuliert: «Als Herren eines Landes und durch festen Wohnsitz gestärkt», hätten die Welfen ihren Machtbereich weiter ausgedehnt und seien so reich geworden, «dass sie, an Besitz und Ehren Königen voranstehend, selbst dem römischen Kaiser die Lehnshuldigung verweigerten». Damit erinnerte die Historia an den Konflikt der Welfen mit Heinrich IV. im 11. Jahrhundert, leitete daraus aber gleichzeitig einen überzeitlich gültigen Anspruch ab: Welfen standen mit Königsgeschlechtern auf einer Ebene, wenn sie sie nicht sogar an Bedeutung übertrafen. Das war ein politischer Anspruch und eine auf die Gegenwart des 12. Jahrhunderts bezogene politische Botschaft von erheblicher Sprengkraft, wie sich am Schicksal Heinrichs des Löwen nur wenige Jahre nach dem Entstehen der Historia Welforum zeigen sollte.

Eine der berühmtesten genealogischen Darstellungen des 12. Jahrhunderts setzt diesen Anspruch in einen Stammbaum um: Die heute in Fulda verwahrte Handschrift der Historia Welforum enthält eine Zeichnung der aufeinander folgenden Generationen der Welfen, beginnend unten in der Mitte mit Welf I. Sie läuft oben links mit Welf VII. und Heinrich dem Löwen aus. Dazwischen enthält sie – wie heutige Historiker wissen: nicht ganz fehlerfrei – die Stammfolge der Welfen. Rechts und links sind Seitenverwandte hinzugefügt, am prominentesten in einem leer gelassenen und nicht ausgefüllten Medaillon oben in der Mitte Kaiser Friedrich I. Barbarossa, Heinrichs des Löwen Cousin. Die Zeichnungen werden durch Namenszusätze und Textergänzungen erläutert, so dass für den Leser daraus in gewisser Hinsicht ein Bilderbuch der welfischen Familie entstand, das den Anspruch der Welfen auf königsgleiche Bedeutung auch ins Bild setzen sollte.

Eine solche Familiengeschichte kannte man im Europa nördlich der Alpen bis dahin nicht. Die Voraussetzung für ihr Entstehen ist alles andere als trivial: Früher als andere hochadlige Dynastien hatten die Welfen einen politischen Anspruch der gesamten Familie erhoben und durchgesetzt. Früher als bei anderen Familien war die immer wieder neue Durchsetzung dieses Anspruchs in der Politik des frühen und hohen Mittelalters für sie zum zentralen Zweck familiärer Politik geworden. Ja man wird sagen können, dass die Welfen früher als andere hochadlige Dynastien überhaupt begriffen hatten, welch enorme politische Kraft aus der Berufung auf die eigene Geschichte zu gewinnen war. Deswegen ist in der Historia Welforum auch kaum, wie sonst in Werken der hochmittelalterlichen Geschichtsschreibung, eine andere Perspektive als die der Familie insgesamt eingenommen worden. Ihr anonymer Verfasser schrieb die Geschichte «unserer Fürsten», war also selbst ein Teil des Gefolges der Welfen. Er stellte die altehrwürdige hohe Abkunft der Welfen dar, betonte ihre seit langen Zeiten erbrachten Leistungen und begründete damit ganz nachdrücklich einen auf Gegenwart und Zukunft gerichteten Machtanspruch. Die Historia Welforum ist ein durch und durch politisches Werk.

4. «Berühmt durch Siege und im Ruhm erhaben» – Die königsgleichen Herzöge Welf VI. und Heinrich der Löwe

Die Ereignisse der Jahre 1138/39 hatten deutlich gemacht, auf wie fragilen Grundlagen die welfische Macht beruhte. Der Eigenbesitz der Familie alleine reichte keineswegs aus, um Macht und Einfluss zu begründen. Der Entzug der Herzogtümer durch König Konrad III. hatte gezeigt, wie verwundbar eine der mächtigsten Familien des Reiches war, wenn der Herrscher ihr seine Huld entzog. Die Jahre von 1138/39 bis 1156 waren durchzogen von einem Geflecht widerstreitender Interessen und Ausgleichsversuche, von politisch bedingten Heiraten und militärischen Auseinandersetzungen. Sie sollten mit einer Wiederherstellung der welfischen Positionen enden. Das aber war zum Zeitpunkt des Todes Heinrichs des Stolzen 1139 nicht absehbar.

Eine ebenso national denkende wie von der Notwendigkeit eines starken Staates ausgehende Geschichtsschreibung des 19. und 20. Jahrhunderts hat in diesen Jahrzehnten die ersten Zeichen eines staufisch-welfischen Gegensatzes erblicken wollen, der in dieser Lesart zur Signatur der Reichspolitik des staufischen Jahrhunderts wurde. Die Staufer als Kaiser und Könige gegen die Welfen als Inhaber zweier Herzogtümer: So sah die vermeintliche Frontstellung aus. Zusätzlich ließ sich vor allem im 19. Jahrhundert, aber auch noch in der Zeit des Nationalsozialismus darüber streiten, ob die Italienpolitik der Staufer der richtige Weg «deutscher» Politik dieser Zeit war oder ob nicht eher die Position Heinrichs des Löwen das größere Recht auf ihrer Seite gehabt habe, der sich um die Ausweitung des politischen Einflusses auf den slawischen Osten und Nordosten bemüht hatte. Zeitgebundene Fragestellungen in beiden Fällen, in denen sich der Streit um die großdeutsche oder kleindeutsche Lösung der deutschen Geschichte des 19. Jahrhunderts spiegelte.

Die Quellen, mit Hilfe derer sich das 12. Jahrhundert erfassen lässt, verschwanden bisweilen hinter den politisch bedingten Standpunkten der Geschichtsschreiber nahezu völlig. Voreingenommenheiten des 19. und 20. Jahrhunderts verdeckten den unbefangenen Blick auf Entwicklungen des 12. Jahrhunderts. Sicher ist: Auch im beginnenden 21. Jahrhundert sind Historiker Kinder ihrer Zeit. Staufische und welfische Politik des hohen Mittelalters, wie heute verbreitet, im Licht eines Europa der Regionen zu sehen, das wäre früher wohl nicht wichtig erschienen. Und das Verhalten der Kontrahenten im Licht der heutigen Kenntnisse mittelalterlicher Rituale und ihrer Bedeutung zu analysieren, dazu bedurfte es erst der Forschungen der vergangenen beiden Jahrzehnte.

1139 war Heinrich der Stolze gestorben. Als erster Fürst des 12. Jahrhunderts hatte er zwei Herzogtümer in seiner Hand vereinigt, Bayern und Sachsen. Der 1138 gewählte staufische König Konrad III. hatte ihm beides genommen und an zwei seiner Parteigänger übertragen, Bayern an die Babenberger, Sachsen an die Askanier. Damit hatte er politische Loyalität belohnen und Gegnerschaft bestrafen wollen. Freilich scheiterte er mit diesem Vorhaben in doppelter Hinsicht: Zum einen verstieß er gegen die ungeschriebene Regel, dass Herzogtümer faktisch als erblich betrachtet wurden. Zum anderen konnte er seinen Plan angesichts der Gegenwehr der Welfen nicht durchsetzen und lieferte dadurch ein Beispiel sichtbarer königlicher Schwäche.

In Sachsen wurde das sehr schnell deutlich: Für den 1129/1130 geborenen Heinrich den Löwen nahmen Mutter und Großmutter die Interessen wahr und bewirkten das Scheitern des Askaniers Markgraf Albrecht, des Begründers der Mark Brandenburg, als Herzog von Sachsen. In Bayern waren die Kämpfe um das Herzogtum erbitterter und unentschiedener. Im Kampf zwischen Welf VI. und König Konrad III. kam es zur Belagerung der Burg Weinsberg bei Heilbronn. Der Sage nach durften die Frauen der welfischen Verteidiger vor der drohenden Niederlage gegen die staufischen Belagerer alles mitnehmen, was ihnen lieb war und was sie tragen konnten. Sie schulterten ihre Männer und gingen als die «treuen Weiber von Weinsberg» in die

Literatur ein. Welf VI. brauchte Jahre, um sich gegen den staufischen König durchzusetzen, und er nutzte das Bündnis mit dem königlichen Bruder Friedrich, Herzog von Schwaben, zum Erfolg. Kaum also kann die Rede sein von staufisch-welfischen Gegensätzen prinzipieller Natur, eher von Zweckbündnissen über Familiengrenzen hinaus und von mancher Gegnerschaft innerhalb der Familien.

Eine merkwürdige Unterbrechung der Auseinandersetzungen bildete der Zweite Kreuzzug der Jahre 1147–1149. Welf VI. kämpfte dabei an der Seite des staufischen Königs, nahm aber sofort nach der Rückkehr ins Reich den Kampf gegen Konrad wieder auf, eine nicht leicht zu erklärende Beobachtung. Erst die Königswahl des schwäbischen Herzogs Friedrich im Jahre 1152, als Friedrich I. wenig später mit dem italienischen Beinamen «Barbarossa» versehen, beendete die Feindseligkeiten und bot die Möglichkeit zu einem Ausgleich. In aller Form wurde Welf VI. durch den neuen König zum «Herzog von Spoleto, Markgrafen von Tuszien und Rektor von Sardinien» ernannt, in Gebieten also, in denen er seine Würde erst einmal würde militärisch durchsetzen müssen.

In Bayern wurden die Probleme erst 1156 beigelegt. Nutznießer war Heinrich der Löwe. Der junge Welfe hatte bereits 1147 seine Rechte an diesem Herzogtum als Erbe seines Vaters eingefordert, dem es zu Unrecht abgenommen worden sei. Schon seit 1142 war der Löwe in der Nachfolge des Askaniers Albrecht mit dem Herzogtum Sachsen belehnt worden. Noch nicht einmal volljährig, muss er bereits in diesen ersten Jahren den Eindruck großer Beharrlichkeit und Willensstärke vermittelt haben, kein Wunder, denn seine Machtpositionen waren verloren und mussten erst wieder zurückgewonnen werden.

Anders als sein Onkel Welf VI. trat Heinrich der Löwe keinen Kreuzzug ins Heilige Land an, sondern er kämpfte zur gleichen Zeit gegen die Wenden, slawische Stämme im Gebiet zwischen Elbe und Oder. Die Ergebnisse waren nicht sonderlich beeindruckend, aber der Kampf gegen die Slawen an der Seite des südwestdeutschen Herzogs Konrad von Zähringen brachte dem Löwen einen ungleich wichtigeren Erfolg: die Heirat mit dessen

Tochter Clementia, die erhebliche Güter am Oberrhein mit in die Ehe brachte und damit die Stellung Heinrichs im staufischen Kernland stärken half.

Aus dieser Position der Stärke erneuerte der sächsische Herzog den Anspruch auf das Herzogtum Bayern. 1154 schließlich hatte er Erfolg und erhielt in Goslar das Herzogtum Bayern zugesprochen. Damit band Barbarossa den eng verwandten Welfen an sich. Heinrich begleitete seinen Vetter nach Italien zur Kaiserkrönung in Rom 1155. «Der Italienzug führte Kaiser und Herzog zusammen und begründete eine zwanzigjährige Männerfreundschaft, die sich in vielen Krisensituationen bewährte» (Schneidmüller). Der überfällige Ausgleich mit den bisherigen bayerischen Herzögen aus der Familie der Babenberger erfolgte 1156: Sie wurden mit einem neu gebildeten Herzogtum Österreich belehnt.

Die Geschicke Welfs VI. und Heinrichs des Löwen in den Jahren um die Mitte des 12. Jahrhunderts sind von ihrer zunehmend herausragenden Machtposition bestimmt, die sie zielstrebig ausbauten. Es ging um die Frage nach der Einordnung, womöglich Einreihung mächtiger Amtsträger des Reiches in dessen Verfassung, um die Frage nach einem Recht auf Eigenständigkeit in der Reichspolitik. Noch war der Begriff des Landesherrn nicht bekannt – er wurde erst unter Kaiser Friedrich II. (1212–1250, Ks. 1220) benutzt –, aber Heinrich der Löwe agierte in seinem Bestreben nach Stärkung der Herzogsgewalt in seinen beiden Herzogtümern längst wie ein Landesherr. Die staatsfixierte Forschung vor allem der 1930er Jahre hat ihm deswegen anachronistisch seinen eigenen Staat, den «Staat Heinrichs des Löwen», zugeschrieben. Die Frage ist eher, ob dieser, die Maßstäbe der Reichsverfassung des 12. Jahrhunderts zum Äußersten dehnende, wenn nicht sie sprengende Machtpolitiker denn König hätte werden wollen. «Königsgedanken Heinrichs des Löwen» (Fried): Hat es sie gegeben?

Drei Aktionsfelder der Politik Heinrichs des Löwen lassen sich in jenen Jahrzehnten ausmachen: 1) der Ausbau seiner herzoglichen Macht und damit verbunden der Ausbau von Braunschweig als Vorort Sachsens, 2) die über das Herzogtum hinausgehende Politik nördlich und nordöstlich der Elbe, 3) die Rolle, die der Herzog in der Reichspolitik spielte. Das ist ein moderner Versuch der systematischen Trennung von Handlungsbereichen, die in den Augen der Zeitgenossen kaum voneinander zu trennen gewesen sind und inhaltlich stark zusammenhängen. Dennoch sei der Versuch hier gewagt.

Das Herzogtum Sachsen, Ergebnis der Sachsenkriege Karls des Großen, hatte einen seiner politischen Schwerpunkte seit dem 10. Jahrhundert im Südosten des heutigen Bundeslandes Niedersachsen. Die Pfalz Werla zwischen Goslar und Braunschweig wurde im Laufe des 11. Jahrhunderts durch Goslar abgelöst. Einer der Gründe war die Ausbeutung reicher Silberminen im nahegelegenen Rammelsberg, die die Verfügung über dieses Gebiet zu einer Angelegenheit von politisch höchster Bedeutung werden ließ. An die Stelle Goslars trat im 12. Jahrhundert Braunschweig. Heinrich der Löwe wandte sich diesem Ort zu und machte Braunschweig zur wohl ersten, als Residenz zu bezeichnenden städtischen Siedlung des Römisch-Deutschen Reiches überhaupt. Der Bau der Burg Dankwarderode, der Neubau der Stiftskirche St. Blasius, des sogenannten Doms, sowie die Errichtung des Bronzestandbildes eines Löwen auf dem Burgplatz bildeten ein Ensemble, dessen Anspruch auf den ersten Blick erkennbar war. Dieser Ausbau Braunschweigs dürfte eng mit Heinrichs des Löwen zweiter Ehe zusammenhängen, die er nach der Verstoßung seiner ersten Frau Clementia von Zähringen eingegangen war: 1165 heiratete der Welfe die englische Prinzessin Mathilde, eine Tochter König Heinrichs II. von England (1154–1189). Er machte mit dieser Heirat erneut den Anspruch auf Ebenbürtigkeit zur staufischen Familie deutlich und dürfte erheblich von der fortgeschrittenen Hofkultur des anglonormannischen Hofes in England profitiert haben. Mit dieser Heirat wurde der Welfe endgültig ein Angehöriger der europäischen Hochadelsschicht, ein Fürst von europäischem Rang.

In Sachsen sah er seine Stellung als die eines Stellvertreters königlicher Gewalt. Die zahlreichen Adelsgeschlechter Sachsens unterstanden ihm als Herzog, behaupteten dagegen aber ein ebenso gesundes Selbstbewusstsein wie der Welfe selbst. Das führte während seiner Herrschaft zu immer wieder ähnlich motivierten Spannungen in Sachsen, die zu lösen Heinrich der Löwe sich als unfähig erweisen sollte. Er missachtete alle Gebote, auch die Herrschaft eines so überlegenen Herzogs, wie er es war, auf den Konsens der Beherrschten aufzubauen. Das galt besonders für den Kampf um das Erbe der Grafschaft Stade, bei dem Heinrich der Löwe 1144, anstatt einen schiedsgerichtlichen Spruch abzuwarten, mit Hilfe offener Gewalt eine Entscheidung zu seinen Gunsten bewirkte. Der vierzehnjährige Herzog ließ keinerlei Zweifel, welche Mittel er einzusetzen bereit war, um die eigene Stellung im Herzogtum zu untermauern.

Von anderer Art war Heinrichs des Löwen Auftreten in Holstein und Mecklenburg. Hier konnte er sich zu Recht auf die Übertragung königlicher Rechte durch seinen Vetter Friedrich Barbarossa stützen. 1154 bestätigte der König dem Herzog das Recht, in den Bistümern Oldenburg (Holstein), Mecklenburg und Ratzeburg Bischöfe in ihr Amt einzusetzen, wie dies in anderen Bistümern des Reiches der König selbst tun durfte. Damit entstand jenseits der Elbe eine Form herzoglicher Kirchenhoheit, für die es im Reich keine Parallele gab und die einen weiteren Mosaikstein für eine Auffassung darstellte, der zufolge Heinrich der Löwe politisch königsgleich zu handeln berechtigt war.

Deutlich wurde diese herausragende Position des Welfen auch in seinem Kampf um Lübeck. 1143 vom holsteinischen Grafen Adolf II. gegründet, hatte Lübeck nachhaltige Anziehungskraft auf Kaufleute aus dem Norden Sachsens, besonders aus dem Handelsort Bardowick bei Lüneburg, ausgeübt. Das war für Heinrich den Löwen Grund genug, eine Konkurrenzgründung gegenüber Lübeck in Stellung zu bringen. Freilich öffneten nach deren Scheitern erst Verhandlungen mit dem gräflichen Stadtherrn den Weg zur welfischen Stadtherrschaft über Lübeck: Heinrich der Löwe ließ um 1160 die Stadt nach einem Brand wieder aufbauen, verlegte das Bistum aus Oldenburg (Holstein) nach Lübeck und privilegierte die von dort aus mit Gotland Handel treibenden Kaufleute, aus deren Zusammenschlüssen

Jahrzehnte später die Hanse entstehen sollte. Letztlich war auch dieses Handeln nur erklärbar als Stellvertretung für das Reich: Noch Kaiser Lothar III. hatte die Privilegien für den Gotlandhandel von Reichs wegen ausgestellt; für Heinrich den Löwen war das selbstverständlich Sache des sächsischen Herzogs.

Die Reichspolitik war zu Zeiten Heinrichs des Löwen von einem Dauerproblem gekennzeichnet: von der Italienpolitik Barbarossas und hier wiederum besonders von den Auseinandersetzungen zwischen dem staufischen Kaiser und dem Papsttum, das sich seit 1159 im offenen Schisma befand. Auf dem ersten Italienzug Barbarossas, der ihm 1155 die Kaiserkrone bringen sollte, erwies sich Heinrich der Löwe als militärisch potentester Bündnisgenosse des Staufers. Besonders die Verteidigung der kaiserlichen Position angesichts eines Aufstandes der Stadtrömer nach der Kaiserkrönung brachte dem Löwen die Anerkennung des Staufers ein.

1157 kam es zu einer Konfrontation zwischen dem Kaiser und Papst Hadrian IV. (1154–1159) um die Frage nach der vom Papst behaupteten Unterordnung weltlicher Herrschaft unter den Papst. Zugespitzt wurde die Situation durch die wohl falsche Übersetzung eines päpstlichen Schreibens, wonach der Kaiser Lehnsmann des Papstes sei. Der Tumult, der sich auf dem Hoftag in Besançon über diese Frage entwickelte, konnte durch Heinrich den Löwen als Vermittler geklärt werden. Verdeutlicht man sich, welche Eigenschaften solche Vermittler besitzen mussten, dann wird aus dieser Funktion des Herzogs deutlich, dass beide Konfliktparteien Heinrich den Löwen als geeignet ansahen – einmal mehr ein Zeichen für die Zuweisung einer hohen Anerkennung, die in dieser Form keinem anderen Herzog seiner Zeit entgegengebracht wurde. Dass sich derselbe Herzog 1160 bei der Belagerung und Zerstörung der italienischen Stadt Crema im Interesse Barbarossas als ausgesprochen rücksichtslos und grausam erweisen sollte, stand nach dem Eindruck der Zeitgenossen auf keinem anderen Blatt.

Bis 1174 ist Heinrich der Löwe regelmäßig an der Seite Friedrich Barbarossas nachzuweisen. Längst hatte er die Führung der welfischen Familie übernommen. Sein Onkel Herzog Welf VI.

hatte sich politisch seit 1152 auf seine Herrschaft in Mittelitalien konzentriert, aber auch die Familienansprüche in Schwaben zu behaupten. Als sein Sohn Welf VII. im Jahre 1167 starb, traf dieser Todesfall den Vater so tief, dass er seither kaum mehr zu politischem Handeln willens war. Stattdessen wandte er sich der Förderung von Dichtung und Geschichtsschreibung zu, veranstaltete rauschende Feste und betrieb eine Form des kulturellen Mäzenatentums, die in seiner Zeit einzigartig war und gegen die die oftmals stark übertriebenen Neigungen Heinrichs des Löwen zu Kunst und Kultur eher gering einzuschätzen sind. 1174 verkaufte Welf VI. schließlich den welfischen Besitz in Italien an Friedrich Barbarossa. 1175/76 war er bereit, sein eigenes Erbe in Schwaben seinem Neffen Heinrich dem Löwen zu übertragen, der für den Erbvertrag aber die vereinbarten Zahlungen schuldig blieb. Daraufhin begannen Verhandlungen Welfs VI. († 1191) mit seinem zweiten Neffen, Kaiser Friedrich Barbarossa, der 1178 den Besitz erwarb. Der vermeintlich staufisch-welfische Gegensatz bestand in diesen Jahren als Gegnerschaft zwischen Barbarossa und Heinrich dem Löwen, während die welfischen Verwandten untereinander durchaus unterschiedlicher Ansicht waren.

Deswegen ist auch der Sturz Heinrichs des Löwen kein Ergebnis eines Konfliktes zwischen den Staufern und den Welfen, sondern zwischen einem staufischen Kaiser und einem welfischen Herzog. Im Kampf um Italien suchte Barbarossa 1176 die Unterstützung seines Vetters, der sie nur gegen eine Gegenleistung versprechen wollte: die Überlassung der Reichsrechte an Goslar. Der angebliche Fußfall von Chiavenna, den Barbarossa 1176 vor Heinrich dem Löwen geleistet haben soll, um sich selbst zu erniedrigen und dem Herzog nur noch die Möglichkeit zur Zustimmung zu lassen, ist ausgesprochen schlecht bezeugt, aber er bringt die Situation auf den Punkt. Heinrich der Löwe überzog deutlich den Handlungsspielraum, den ein loyaler Reichsfürst besaß. Die folgenden Schritte eines mehrere Jahre dauernden Prozesses zeigten dies: Die Verletzung der Ehre des Kaiserreiches durch den Herzog, die Missachtung eines vom Kaiser eingesetzten Gerichts und die Unnachgiebigkeit der Positionen beider Kontrahenten führten geradezu zwangsläufig zu Heinrichs des Löwen Absetzung. Sie erfolgte 1180 auf einem Reichstag in Gelnhausen: Heinrich dem Löwen wurden seine Reichslehen und die beiden Herzogtümer genommen. Sachsens Westteil wurde an den Kölner Erzbischof gegeben, der Osten des Herzogtums an Bernhard von Anhalt. Wenig später wurde Bayern an die Familie der Wittelsbacher weitergereicht, die damit ihre Herrschaft begründeten, die bis 1918 andauern sollte.

5. Eine unübersichtliche Konkursmasse, der einzige welfische Kaiser und der Weg zum Herzogtum Braunschweig-Lüneburg (1180–1235)

Heinrich der Löwe und die Welfen waren mit dem Urteil von Gelnhausen 1180 an einem Tiefpunkt der politischen Bedeutung angelangt. Zwar akzeptierte der Löwe das Urteil nicht, sondern versuchte, sich militärisch zu wehren, er musste aber 1182 ins Exil nach England gehen. Unentschieden blieb in den folgenden Jahren sein Status, wechselhaft sein Aufenthaltsort – auch in Braunschweig hielt er sich für mehrere Jahre wieder auf –, sein politischer Einfluss war dahin. 1194 söhnte sich der damals etwa 65jährige noch mit Kaiser Heinrich VI. aus, 1195 starb er in Braunschweig und wurde in der Stiftskirche St. Blasius neben seiner Ehefrau Mathilde von England († 1189) bestattet.

Erbe und Nachfolger Heinrichs des Löwen war sein gleichnamiger Sohn Heinrich, Pfalzgraf bei Rhein und (seit 1196) Herzog von Sachsen. In seiner Person verband er wie sein Vater zwei Territorien, die weit voneinander getrennt waren, und war schon deswegen in der Reichspolitik eine wichtige Figur. Nach dem Tode Kaiser Heinrichs VI. († 28. September 1197) wäre er der wohl nächstliegende Kandidat für die Nachfolge gewesen, wenn er sich nicht als Kreuzfahrer im Heiligen Land aufgehalten hätte. So wurden gegeneinander der Bruder Heinrichs VI., Philipp von Schwaben, und der Bruder des Pfalzgrafen, Graf Otto von Poitou, zu Königen gewählt. Zum Zeitpunkt eines kaum überstandenen dramatischen Verlustes an politischem Einfluss erreichte ein Angehöriger der Familie der Welfen das höchste Amt des Römisch-Deutschen Reiches. Eine Doppelwahl wie diejenige des Jahres 1198 war gleichzeitig zwangsläufig ein Testfall für die Reichsverfassung. Abgesehen von den Geschicken der beiden Könige wurde dieser Vorgang zu einem der wichtigsten Schritte in der Ausbildung eines festen Kreises von

Königswählern, der später in der Goldenen Bulle von 1356 formal festgelegt wurde und dem die Welfen dann nicht mehr angehören sollten.

1198 begann das welfische Königtum. Von nur wenigen, aber einflussreichen Fürsten gewählt, stand der Welfe gegen den Staufer zunächst im Kampf um Anerkennung durch Papst Innozenz III. (1198–1216), den wohl bedeutendsten mittelalterlichen Papst überhaupt. Dieser hielt sich für berechtigt, zwischen den beiden Kandidaten zu entscheiden, denn beide erhoben den Anspruch, die allein vom Papst zu vergebende Kaiserwürde zu erhalten, und schon deswegen behauptete der Papst ein Mitspracherecht. Innozenz entschied sich 1201 für den Welfen und sah von nun an Otto IV. als einzig rechtmäßigen König an, während die Anhänger Philipps von Schwaben mit dem Kirchenbann belegt wurden.

Otto IV. seinerseits arrangierte sich mit seinen beiden Brüdern, mit dem Pfalzgrafen Heinrich und dem jüngeren Bruder Wilhelm. 1201/02 teilten die drei den welfischen Besitz untereinander auf. Er erstreckte sich vom Harzvorland im Süden bis an die Elbe im Norden, erreichte im Westen kaum die Weser und im Osten bei weitem nicht Magdeburg. Den Westteil dieses Besitzes erhielt Heinrich, den zentralen Raum nördlich des Harzes mit Braunschweig als Zentrum Otto selbst, während der Norden und Osten um Lüneburg, also das Erbe der billungischen Herzöge, dem jüngsten Sohn Wilhelm zugewiesen wurde.

König Otto IV. konnte sich mächtiger Förderer erfreuen, an der Spitze der eng mit ihm verwandte englische König Johann Ohneland (1199–1216). Freilich hatte er ebenso mächtige Gegner, unter anderem seit 1204 seinen eigenen Bruder Heinrich, der sich wegen tiefgreifender Meinungsverschiedenheiten von Otto ab- und dem staufischen König Philipp zugewandt hatte. Von nun an geriet das Übergewicht Ottos ins Wanken: Auf Sachsen reduziert, von seinem Bruder verlassen, vom Papst mittlerweile nicht mehr als legitim angesehen, schien sich das Schicksal gegen den Welfen zu wenden. Erst das ungeklärte Attentat auf Philipp von Schwaben, bei dem er am 21. Juni 1208 vom Pfalzgrafen Otto von Wittelsbach ermordet wurde, festigte Ottos Stellung wieder. Vorherige Stauferanhänger wandten sich nun dem Welfen zu. Eine politische Verlobung zwischen dem 33jährigen König und der gerade eben zehnjährigen Tochter des ermordeten Staufers im November 1208 sollte das neue Bündnis augenfällig demonstrieren. 1209 konnte der Welfe zum Kaiser gekrönt werden und erreichte damit endlich die überhaupt höchste denkbare weltliche Würde, die zu vergeben war und die er als erster – und, wie sich zeigen sollte, einziger – Welfe innehaben sollte.

Freilich war auch diese Wendung nicht von dauerhafter Wirkung, wie überhaupt in den Jahrzehnten zwischen 1180 und 1235 der ständige Wandel und Umbruch der Verhältnisse die Geschicke der beiden führenden Adelsfamilien des Reiches, der Welfen und Staufer, in einem kaum vorher bekannten Umfang durcheinanderwirbelte. Kaum ein Jahr nach der Kaiserkrönung, nachdem sich der Welfe absprachewidrig in Italien aufgehalten hatte, wurde er 1210 vom Papst gebannt, der sich seinerseits dem einzig zur Verfügung stehenden staufischen Kandidaten zuwandte, Friedrich II. (* 1194). Als Otto IV. 1212 ins Reich nördlich der Alpen zurückkehrte, waren die wesentlichen Weichenstellungen bereits erfolgt: Friedrich II. wurde Ende des Jahres zum König gewählt und gekrönt, zum staufischen Gegenkönig eines welfischen Kaisers.

Jedoch brachte nicht diese Wahl den Ausschlag gegen den Welfen, sondern eine Schlacht europäischer Bedeutung im nordfranzösischen Bouvines am 27. Juli 1214: Gegen eine staufisch-französische Koalition unter Führung des französischen Königs Philipp II. Augustus unterlag Otto IV. gemeinsam mit den verbündeten englischen Truppen. Die Niederlage schwächte ihn massiv. Das Kaisertum in der Hand des Welfen war damit faktisch erledigt. Fast auf den Tag genau ein Jahr später wurde Friedrich II. nochmals zum König gekrönt, bald danach offiziell durch das Laterankonzil in Rom anerkannt, und Otto IV. wurde zu einer Randfigur der kommenden Jahre.

Der Welfe starb, längst ohne jeden politischen Einfluss und von der Mehrzahl seiner Gefolgsleute verlassen, am 19. Mai 1218 auf der Harzburg. Das welfische Zwischenspiel des staufischen Jahrhunderts war an sein Ende gekommen. So jedenfalls sahen es spätere Historiker, die den Welfen gewissermaßen als historischen Betriebsunfall zu qualifizieren versuchten und die dabei vergaßen, dass es mindestens zwischen 1208 und 1214 eine welfische Alternative zur staufischen Regierung des Römisch-Deutschen Reiches gegeben hatte.

Die Familie der Welfen war wieder einmal an einem Punkt angekommen, an dem Skepsis über ihr weiteres politisches Schicksal nötig schien: Otto IV., seit 1214 faktisch kaum mehr mit politischen Handlungsmöglichkeiten versehen, war tot. Pfalzgraf Heinrich bei Rhein saß politisch zwischen allen Stühlen und hatte zwar weitreichende Ansprüche, herrschte aber weder in der Rheinpfalz noch de facto in Sachsen und hatte seinen einzigen Sohn 1214 durch den Tod verloren. Wilhelm «von Lüneburg» schließlich war zeit seines Lebens ein fürstlicher Adliger ohne weitergehenden Einfluss geblieben und ohnehin 1212/13 schon vor seinen Brüdern gestorben, immerhin im Unterschied zu beiden unter Hinterlassung wenigstens eines überlebenden Sohnes namens Otto.

Nach einigem Zögern übergab Pfalzgraf Heinrich 1219 die Reichsinsignien an den nun unumstrittenen König Friedrich II., der sich 1220 zum Kaiser krönen ließ. Die Gegenleistung für Heinrich war die Verleihung eines Reichsvikariats, einer königlichen Stellvertretung, zwischen Elbe und Weser. Damit war der Welfe in einer herzogsähnlichen Stellung, ohne diesen Titel zu besitzen. Heinrich richtete sich nun in Sachsen ein und intensivierte seine Herrschaft dort. 1223 bestimmte der söhnelose Pfalzgraf seinen Neffen Otto «das Kind» (* 1204) zum Erben der welfischen Güter.

Dennoch war der Herrschaftsantritt Ottos nach dem Tode Heinrichs 1227 alles andere als unumstritten: Nur mit Gewalt konnte er die zentrale Residenzstadt Braunschweig in Besitz nehmen, und die Unterstützung durch die Familie seiner Mutter, einer geborenen Dänenprinzessin, hielt nicht lange vor. Wie Otto IV. in Bouvines, so erlebte Otto das Kind an der Seite eines mächtigen Bündnispartners, seines Schwagers König Waldemar II. von Dänemark, eine militärisch vernichtende Niederlage, als er 1227 in Bornhöved in Holstein geschlagen wurde.

Otto das Kind geriet für nahezu zwei Jahre in Gefangenschaft. Staufischen Versuchen einer Machtübernahme im norddeutschen Raum stand kaum mehr etwas im Wege. Dennoch scheiterten diese Versuche, nicht zuletzt deswegen, weil Kaiser Friedrich II. weit entfernt in Italien blieb und sein Sohn, König Heinrich (VII.) (1220–1235), glücklos agierte.

Nach einigen Jahren der Unentschiedenheit kam es 1235 zum endgültigen Ausgleich zwischen Staufern und Welfen. Friedrich II., erstmals seit mehr als einem Jahrzehnt wieder nördlich der Alpen, erließ auf einem Hoftag in Mainz nicht nur den berühmten Mainzer Reichslandfrieden, das erste Reichsgesetz in deutscher Sprache, sondern machte am 21. August auch mit Otto dem Kind in aller Form seinen Frieden. Der Welfe trug sein bisheriges Eigengut, die Burg Lüneburg, dem Kaiser zu Lehen auf und wurde mit diesem Gut als Reichsfürst belehnt. Friedrich selbst fügte noch die umstrittenen staufischen Ansprüche auf Braunschweig hinzu und formte aus beidem ein in männlicher wie weiblicher Linie erbliches Herzogtum. Als Dreingabe gab er dem Welfen den einträglichen Zehnten der Stadt Goslar.

Erstmals wurde 1235 einem Herzogtum ein Name gegeben, der sich von der Residenzstadt herleitete: Otto das Kind wurde «Herzog von Braunschweig»; in der Generation seiner Söhne wurde der Titel zu «Herzog von Braunschweig-Lüneburg» erweitert. Damit war das welfische Herrschaftsgebiet, das im Norden bis an die Elbe ging, im Süden bis an den Harz, im Osten etwa bis zur heutigen niedersächsischen Landesgrenze, im Westen aber nur bis zu einer Linie von Harburg über Soltau bis östlich Hannover, unbestritten als Reichsfürstentum im Besitz der Familie. Mit dem Jahr 1235 hatten die Welfen ihren Platz in der Reichsverfassung zugewiesen bekommen und nahmen ihn wahr. Die folgenden Jahrhunderte sollten zeigen, dass sie sehr beharrlich an der Ausweitung ihrer Territorialmacht arbeiteten, kaum mehr aber sich um größeren reichspolitischen Einfluss bemüht haben.

6. Teilungen, Kämpfe, Konsolidierung: Die welfischen Fürstentümer im späten Mittelalter

Nicht selten entziehen sich die Entwicklungen spätmittelalterlicher Adelsfamilien einer übersichtlichen Darstellung. Im 13. Jahrhundert bestimmen im gesamten Reich Teilungen von adligem Besitz das Bild, Ergebnis eines Erbrechts, das den Anspruch aller männlichen Nachkommen auf das Erbe der vorherigen Generation vorsah. Dadurch bildeten sich Linien, Zweige oder Häuser innerhalb einer Familie. Sie alle wussten um ihre Zugehörigkeit zu einer Gesamtfamilie, jedoch hielt sie dieses Wissen keineswegs davon ab, in politischer Hinsicht unterschiedliche Wege zu gehen, einschließlich der Möglichkeit, mit anderen Linien derselben Familie in massive, auch gewaltsame Kämpfe zu geraten und sich dabei mit Bündnisgenossen von außen gegen weitläufige Verwandte innerhalb der eigenen Familie zu verbünden. Erst die spätmittelalterliche Reichsverfassung setzt dem Grenzen: Kurfürstentümer hatten ungeteilt zu bleiben, eine Norm, die für die Welfen spät gegolten hat, denn sie erlangten den Kurfürstenhut erst 1692. Zum anderen markierten Hausverträge über vorweggenommene Regelungen eines künftigen Erbes und über die Anerkennung der Führungsrolle eines Familienangehörigen die Grundlinien der gewünschten zukünftigen Entwicklung der Familie als Ganzes.

Das alles waren Erscheinungen, die für den Fall einer Vielzahl von erbberechtigten Söhnen wichtig waren. Was gelegentlich in der Sprache der modernen Forschung als «genealogische Reserve» bezeichnet wird, war nichts anderes als eine an sich erwünschte Tatsache: dass es mehr als nur einen Erben gab und dass deswegen das Aussterben einer Familie in männlicher Linie nicht zu befürchten sein würde. In solchen Situationen konnten es sich fürstliche Familien auch leisten, einen oder mehrere der Söhne dem geistlichen Stand zu übergeben. Dadurch schieden sie zwar aus der Erbfolge aus, brachten aber als Vertreter ihrer Familie in hohen geistlichen Funktionen unter Umständen weit mehr Nutzen.

Beobachtungen zu allen diesen allgemeinen Entwicklungen in spätmittelalterlichen adligen Familien lassen sich an welfischen Beispielen bestätigen. Teilungen des Fürstentums in der Familie, Kämpfe um familiären Besitz innerhalb der Familie und Konsolidierungsversuche durch eine geschickte Vertragspolitik zeigen, dass die Welfen einen zutiefst üblichen Weg beschritten, auch wenn gelegentlich – wie das allerdings wohl für die meisten hochadligen Familien gilt – behauptet wird, dass gerade die Welfen eine besonders unübersichtliche Entwicklung genommen haben.

Schon vor dem Bestehen des 1235 geschaffenen Herzogtums Braunschweig hatten die Welfen eine Teilung ihres Besitzes vorgenommen, als 1201/02 der Vater und die beiden Onkel Ottos des Kindes ihre Güter in drei Komplexe zerlegten. In der Generation Ottos des Kindes bestand diese Notwendigkeit nicht, denn er war für viele Jahre der einzige männliche erwachsene Welfe überhaupt: Noch einmal ging die Familie durch ein genealogisches «Nadelöhr». Ein früher Tod dieses ersten Herzogs von Braunschweig in den Jahren bald nach 1235 hätte Norddeutschland bis in das 19. Jahrhundert ein anderes Gesicht gegeben. Dazu freilich kam es nicht. Vielmehr teilten die beiden erwachsenen Söhne Ottos des Kindes, Albrecht (von Braunschweig, 1252–1279) und Johann (von Lüneburg, 1252–1277) nach einigen Jahren gemeinsamer Regierung des Herzogtums in den Jahren 1267/69 das Territorium dann doch und begründeten damit die sog. «Alten Häuser» Braunschweig und Lüneburg. Schon damals waren zwei weitere Brüder bei der Teilung zu berücksichtigen: Otto, 1260–1279 Bischof von Hildesheim, und Konrad, 1269–1300 Bischof von Verden; sie wurden finanziell abgefunden. Als Klammer beider Teile des Herzogtums waren der Gesamtbesitz beider Häuser an der Stadt Braunschweig, von deren Besitz der Herzogstitel abhing, sowie an der einträglichen Saline in Lüneburg vorgesehen; sie sollten auch über lange Zeit gemeinsamer Besitz bleiben. Damit war eine Grundentscheidung getroffen, die über das gesamte Mittelalter und bis in die Neuzeit hinein die Position der Welfen bestimmen sollte: Ein einziges Herzogtum «Braunschweig-Lüneburg», geteilt in zwei Fürstentümer, «Braunschweig» bzw. «Lüneburg», bildete die Grundstruktur des welfischen Territorialbesitzes und die Basis welfischen Einflusses in der Reichspolitik. Jedoch sollten sich die beiden Komplexe sehr unterschiedlich entwickeln.

Das Fürstentum Lüneburg 1267/69 bis um 1500

Johann von Lüneburg hatte neben vier Töchtern lediglich einen Sohn aufwachsen sehen, der ihm 1277 im Amt nachfolgte und bis 1330 amtierte. Schon diese lange Amtszeit von mehr als einem halben Jahrhundert sollte dem 1266 geborenen Herzog Otto dem Strengen (von lat. *strenuus* = entschlossen, tüchtig, kraftvoll) eine außerordentlich hohe Bedeutung für die Geschichte des Fürstentums verleihen. Es gelang ihm, den Territorialbestand seines Anteils nicht nur zu konsolidieren, sondern durch Neuerwerbungen noch erheblich zu vergrößern. Nicht erst bei dieser Gelegenheit, aber in seiner Person ganz besonders deutlich machen sich Grundzüge einer zielgerichteten Politik der Welfen bemerkbar: Das Streben Ottos ging territorial von Lüneburg aus in Richtung Südwesten und Westen, auf die Aller und die Weser. Die beiden Flüsse sollten im 14. Jahrhundert Zielräume welfischer Expansionsversuche bilden. Sachlich hatte Ottos Politik den Versuch zum Ziel, die um 1200 herum entstandenen und vielfach sehr kleinräumigen Territorien von Edelherren und Grafen, besonders entlang der Weser, für die Welfen zu erwerben. Dabei machte sich die Familie meist das Fehlen der bereits angesprochenen «genealogischen Reserven» dieser kleineren Herrschaftsträger zunutze.

Ottos des Strengen Söhne Otto III. und Wilhelm sollten nach dem Tode des Vaters das Fürstentum Lüneburg erneut teilen, missachteten diese Vorgabe ihres Vaters aber und regierten bis zu Ottos III. Tod 1352 gemeinsam. Der überlebende Bruder Wilhelm trat dann allein das Erbe an und war bis 1369 Herzog im Fürstentum Lüneburg. Den beiden Brüdern lag viel daran,

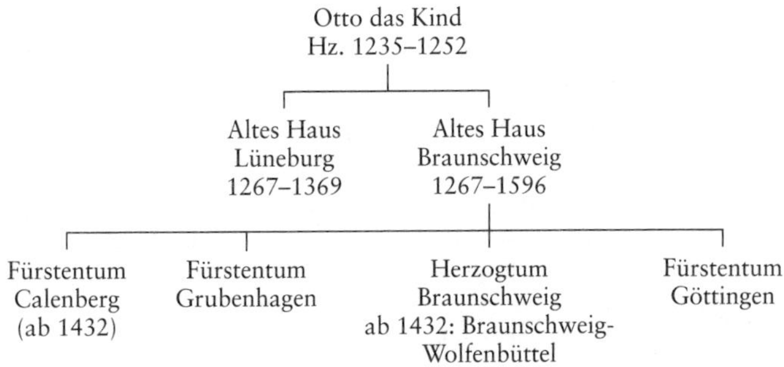

Alle regierenden Angehörigen der verschiedenen Fürstentümer führen den Titel «Herzog von Braunschweig und Lüneburg».
Die Fürstentümer sind rechtlich nichtselbständige Teile des ungeteilt bleibenden Herzogtums dieses Namens.

Welfische Linien im späten Mittelalter (schematische Darstellung)

ihr Territorium gegenüber den Verwandten im Braunschweigischen auszubauen: Vor allem um Fallersleben und Gifhorn hatten sie dabei erheblichen Erfolg. Noch bis 1977 war die Südgrenze des Regierungsbezirks Lüneburg nahezu identisch mit derjenigen des mittelalterlichen Fürstentums Lüneburg. Ein weiterer Schwerpunkt ihrer Politik galt der Entwicklung Lüneburgs und der Schifffahrt auf der Ilmenau zwischen Uelzen und der Elbe, einem – modern gesprochen – Infrastrukturprojekt von erheblicher Bedeutung für das Fürstentum.

Als auch Wilhelm 1369 verstorben war, trat ein Fall ein, mit dessen Bewältigung die Familie der Welfen Erfahrungen hatte: Es stand kein Sohn als Erbe bereit. Deswegen sollte das Fürstentum Lüneburg aufgrund einer Heirat von Mathilde, Wilhelms Tochter aus zweiter Ehe, mit ihrem braunschweigischen Vetter Ludwig († 1367) an das Haus Braunschweig fallen; jedoch war eben Ludwig bereits verstorben. Überdies erhoben die Nachkommen von Elisabeth, Wilhelms Tochter aus erster Ehe, die Herzöge von Sachsen-Wittenberg, ebenfalls Erbansprüche. Aus dieser unübersichtlichen und rechtlich schwierigen Situation entstand der Lüneburger Erbfolgekrieg der Jahre 1369–1388. Er verwickelte nicht nur die Welfen, sondern auch den damaligen Kaiser Karl IV. (1346–1378) in einen langen, teils juristisch, teils militärisch ausgetragenen Konflikt.

Im Ergebnis konnte sich die welfische Seite durchsetzen: Das Fürstentum Lüneburg blieb in der Hand der Familie und wurde nun von Fürsten aus dem Braunschweiger Landesteil regiert. Eine Teilungsurkunde des Jahres 1388 regelte die Modalitäten der Herrschaftsverteilung unter die drei braunschweigischen Brüder Friedrich, Bernhard und Heinrich, deren ältester Braunschweig erhalten sollte, während die beiden jüngeren Lüneburg zugesprochen erhielten. Wie auch spätere Teilungsverträge, so enthielt diese Festlegung gleichzeitig die Norm, dass im Falle des Aussterbens einer der beiden Linien die jeweils andere erbberechtigt sein sollte: Man hatte aus der Geschichte gelernt. Friedrich von Braunschweig(-Lüneburg-Wolfenbüttel) wurde übrigens nach der Absetzung König Wenzels (1378–1400) kurzzeitig als Kandidat für das Königtum gehandelt, aber auf der Rückreise aus dem Maingebiet ermordet. Einmal mehr wurde ein Welfe nicht König.

Für die welfische Familiengeschichte bedeutete der Erbfolgekrieg gleichzeitig das Ende des Alten Hauses Lüneburg. Als 1428 ein sogenanntes Mittleres Haus Lüneburg begründet werden sollte, handelte es sich um einen Zweig der Braunschweiger Welfen. Lüneburg wurde, so gesehen, trotz der Bewahrung der territorialen Einheit dieses Teils des Herzogtums innerhalb der Familie ein Nebenland. Das galt umso mehr, als die namengebende Stadt Lüneburg im Laufe des Erbfolgekrieges die Herzöge aus der Stadt verwiesen hatte und ihnen über lange Zeit auch den Zutritt nicht wieder eröffnete: Juristisch eine Landstadt, befreite sich Lüneburg faktisch von der Herrschaft der Welfen.

Unter den Herzögen des Mittleren Hauses erlebte Lüneburg eine Phase relativer Ruhe. Die ehemalige Residenz in Lüneburg wurde durch das Schloss in Celle abgelöst; die Stände wurden angesichts eher bedächtig herrschender Celler Herzöge zunehmend machtvoller. Der lange und ungerne regierende Herzog Friedrich (1434–1457, 1472–1478, † 1478) erließ im Jahre 1457, bevor er sich zunächst von der Herrschaft zurückzog, noch einmal ein Teilungsverbot für diesen Landesteil: Lüneburg sollte dauerhaft ungeteilt bleiben.

Das Fürstentum Braunschweig 1267/69 bis um 1500

Eine kompliziertere Geschichte erlebte im Mittelalter der Braunschweiger Teil der welfischen Familie. Bereits um 1290 entstanden aus dem Fürstentum nicht weniger als drei Teilfürstentümer: Braunschweig, Göttingen und Grubenhagen. Sie blieben bis nach 1400 getrennt. 1432 wurde mit dem Fürstentum Calenberg noch ein weiteres welfisches Teilterritorium als Ergebnis einer Teilung eingerichtet, wodurch die Zahl der braunschweigischen Gebiete auf vier anstieg. Fortwährend vorgenommene Verschiebungen von Gebietsteilen und Zusammenschlüsse bzw. Trennungen dieser Territorien untereinander sind eher Gegenstand der Territorialgeschichte als der Familiengeschichte im eigentlichen Sinne. Dennoch verdienen sie Beachtung, denn diese Form des Umgangs mit (familiärem) Territorialbesitz und der (modern gesprochen: öffentlichen) Wirksamkeit als Territorialherr ist eine typisch mittelalterliche Verhaltensweise, die bisweilen zu aberwitzigen Verhältnissen führte, etwa bei der zwischen den Zweigen der Familie bisweilen umstrittenen Berechtigung, im gemeinsam beherrschten und verwalteten St.-Blasius-Stift in Braunschweig Stiftsherren für freie Stellen zu nominieren.

Freilich sind trotz aller Unübersichtlichkeit doch auch in den spätmittelalterlichen Territorien der braunschweigischen Welfen Entwicklungen mit dauerhaften Wirkungen erfolgt. So wurde im Fürstentum Braunschweig 1432 die Residenz aus der namengebenden Stadt nach Wolfenbüttel verlegt, eine analoge Entwicklung zur Aufgabe Lüneburgs durch die dortigen Vettern mehr als sechzig Jahre vorher. Die Bezeichnung als Herzogtum Braunschweig-Wolfenbüttel sollte vor allem in der Frühen Neuzeit von Dauer werden.

Als ebenfalls 1432 von den Braunschweiger Welfen die Gebiete zwischen dem Deister und der Leine als Fürstentum

Calenberg abgespalten wurden, entstand mit diesem Territorium der unmittelbare Vorgänger des späteren Kurfürstentums Lüneburg, auch wenn dieser Vorgang durch etliche genealogische Verwicklungen gekennzeichnet war. 1495 wurde das Göttinger Fürstentum zu Calenberg geschlagen, ein dauerhaft eigenständiges Calenberg bildete sich jedoch erst 1634, wurde dann aber bald um Grubenhagen (1665) und Lüneburg (1705) erweitert.

Das alles spielte sich in einer Familie ab, deren Mitglieder in stetem Wechsel von Teilung und (Wieder-)Vereinigung der von ihnen beherrschten Territorien lebten und die mit diesen Vorgängen gleichzeitig den Herrschaftswechsel für ihre Untertanen zur alltäglichen Normalität werden ließen. Die relative Kleinheit der Territorien verhinderte dauerhaft, dass Welfen des 15. Jahrhunderts auf einer mehr als regionalen Ebene eine politische Rolle zu spielen vermochten. Die sehenden Auges betriebene Politik der ungehemmten Besitzteilungen nahm den Welfen jegliche Chance auf politische Macht in größerem Umfang.

Beispielhaft für diese Entwicklungen ist Herzog Wilhelm I. d. Ä. von Braunschweig-Lüneburg aus dem braunschweigischen Haus: 1416–1428 amtierte er als Fürst von Lüneburg, 1428–1432 in Braunschweig, 1432–1473 in Calenberg und gleichzeitig 1463–1473 in Göttingen, bis zu seinem Lebensende dann 1473–1482 in Braunschweig-Wolfenbüttel. Der neunzigjährig verstorbene Fürst hat während seiner 66 Herrschaftsjahre vor allem aus der Burg Calenberg residiert und gilt zu Recht als der eigentliche Begründer dieses Fürstentums. Er war ein typischer Vertreter eines eher nach innen gerichteten Herrschaftsstils, mehr eines Verwalters als eines Politikers. Seine Söhne Friedrich († 1495) und Wilhelm d. J. († 1503) regierten in Calenberg zunächst gemeinsam, seit 1483 in einer Sonderung der Herrschaftsrechte voneinander und in einem offensichtlich so prekären Verhältnis, dass der jüngere Bruder den älteren im Verlaufe einer der bedeutenden kriegerischen Auseinandersetzungen der Jahre vor 1500, möglicherweise wegen des Ausbruchs einer Geisteskrankheit, zehn Jahre lang in Gefangenschaft hielt.

Die Welfen um 1500

In den Jahren um 1500 repräsentierte Herzog Heinrich d. Ä. von Braunschweig(-Lüneburg)-Wolfenbüttel (1503–1514), Sohn Wilhelms d. J., den verbreiteten Typus des Renaissancefürsten und Kriegsmannes: Mehrfach gegen die Städte seines Herrschaftsgebietes vorgehend, unter anderem mit Waffengewalt gegen Hannover, war er ein entschiedener Vertreter einer starken landesfürstlichen Herrschaft. Als er, an der Spitze eines Heeres gegen die ostfriesischen Grafen Cirksena kämpfend, von einer Kanonenkugel tödlich getroffen wurde, folgte ihm sein Sohn Heinrich d. J., ein bedeutender Vertreter der Altgläubigen zur Zeit der Reformation.

Sein Zeitgenosse und weitläufiger Verwandter, der Lüneburger Fürst Heinrich der Mittlere (*1468, 1486–1520, † 1532), hatte auf der Gegenseite gestanden: In der Hildesheimer Stiftsfehde gegen die Braunschweiger Verwandten und an der Seite des Hildesheimer Bischofs kämpfend, hatte der Lüneburger Heinrich zwar 1519 in der Schlacht von Soltau einen glänzenden Sieg erfochten, sich aber durch die Parteinahme für einen französischen Anwärter auf die Nachfolge des 1519 gestorbenen Kaisers Maximilian I. den tatsächlichen Nachfolger Karl V. zum Feind gemacht. Politisch letztlich erfolglos, zog sich Heinrich der Mittlere von der Herrschaft zurück und übergab seine Nachfolge seinem Sohn, Herzog Ernst dem Bekenner von Braunschweig-Lüneburg, einem der bedeutendsten Vertreter der Lutheraner zur Zeit der Reformation.

Die Familie der Welfen war in den Auseinandersetzungen um den rechten Glauben so zerrissen wie das Reich, in dem sie lebte.

7. Konkurrenten um die Vormacht, Gegner im Glauben: Welfen im 16. Jahrhundert

Im Norden des Reiches stellte die Hildesheimer Stiftsfehde der Jahre 1519–1523 einen wesentlichen Einschnitt dar. Aus einem Konflikt zwischen dem Hildesheimer Bischof Johann und den Adligen seines Stiftsgebietes entstanden, wurden die beiden welfischen Häuser Braunschweig-Wolfenbüttel und Lüneburg in den Kampf hineingezogen. Der Braunschweiger Welfe Heinrich d. J. (1514–1568) sah in der Schwäche des Bischofs die Chance, gemeinsam mit dessen Adligen die Herrschaft über das Stiftsgebiet zu erlangen. Dafür bemühte er sich auch um das Einvernehmen mit seinem Onkel Erich von Calenberg-Göttingen (1495–1540). Sein Lüneburger Vetter Heinrich der Mittlere verbündete sich mit dem Hildesheimer Bischof, um den Machtzuwachs seines Verwandten zu verhindern. Der austarierte, aber durch unvorhergesehene Zufälle gefährdete Zustand des innerfamiliären Gleichgewichts zwang bisweilen zu solchen Bündnissen mit Dritten, um dem eigenen Verwandten nicht zu viel Freiraum zu lassen.

Freilich trat in den Jahren der Reformation noch ein weiteres Problem dazu, das die Beziehungen der Welfen untereinander beeinflussen sollte: Heinrich d. J. war ein Anhänger des alten Glaubens, während sich die übrigen Angehörigen der Welfen bald dem neuen, lutherischen Glauben zuwandten. Damit ging der konfessionelle Riss, der Deutschland zu teilen begann, im Falle der Welfen quer durch die Familie. Heinrichs Brüder Christoph und Georg amtierten in diesen Jahrzehnten als Bischöfe von Verden und Erzbischöfe von Bremen (1502–1558 bzw. 1558–1566). Christoph, noch ganz im alten Glauben stehend und vor der Verfolgung Andersgläubiger nicht zurückschreckend, konnte das Vordringen der Reformation nicht verhindern und scheiterte mit seiner Konfessionspolitik auf ganzer Linie. Sein jüngerer

Bruder und Nachfolger Georg gestaltete den behutsamen Übergang dieser beiden Bistümer zum Protestantismus.

Heinrich d. J. setzte in seinem Territorium vor allem die Primogenitur durch: Braunschweig-Wolfenbüttel sollte von Erbteilungen verschont bleiben und eine überaus positive Entwicklung erleben. Heinrich der Jüngere legte dafür den Grundstein. Politisch lehnte er sich eng an Kaiser Karl V. an. Im Inneren seines Herrschaftsgebietes schreckte der Herzog nicht vor tiefen Eingriffen in die Kirche zurück und setzte eine Art landesherrlichen Kirchenregiments durch, die kaum von gleichzeitigen protestantischen Territorien zu unterscheiden war. 1542 wurde sein Herzogtum von evangelischen Truppen besetzt. Heinrich selbst geriet bis 1547 in Haft und konnte erst nach Karls V. Sieg über den Schmalkaldischen Bund in der Schlacht von Mühlberg wieder zurückkehren.

Heinrich d. J. nutzte die folgenden Jahre, um in offener Auseinandersetzung mit den Städten Braunschweig und Goslar wesentliche Teile des Harzbergbaus in herzogliche Hand zu bekommen, eine Regelung, der Goslar im Riechenberger Vertrag von 1552 zustimmen musste. 1553 siegte der Herzog in einer der blutigsten Schlachten des 16. Jahrhunderts überhaupt, in Sievershausen bei Peine, gegen den Markgrafen Albrecht Alkibiades von Brandenburg, der als Landfriedensbrecher auf der Suche nach Beute den Norden unsicher machte. Die Niederlage des Brandenburgers wurde von einer Koalition erfochten, an der ohne Rücksicht auf konfessionelle Gegensätze auch Welfen aus dem Haus Lüneburg beteiligt waren, die sich von den Raubzügen ebenso bedroht sahen: Friedenswahrung war ein überkonfessionelles Interesse. Sievershausen, auf dessen Schlachtfeld mehr als 4000 Tote blieben, sollte den Weg zum konfessionellen Ausgleich im Augsburger Religionsfrieden von 1555 öffnen.

Heinrich d. J. hinterließ freilich nicht nur politische Ergebnisse, sondern machte sich auch um die Gestalt seiner Residenzstadt Wolfenbüttel verdient. Die mittelalterliche Wasserburg baute er zu einem modernen Renaissanceschloss aus. Die bis dahin unbedeutende Stadt legte er großzügig und unter Beachtung der Anforderungen an den Festungsbau neu an.

Im Haus Lüneburg fehlte in diesen Jahrzehnten eine gleichbleibend geradlinige politische Entwicklung weitgehend. Der dortige Herzog Ernst «der Bekenner» (1521–1546), war einer der profiliertesten Protestanten unter den Landesfürsten jener Jahre. Anfänglich regierte er gemeinsam mit seinem älteren Bruder Otto, der 1527 eine welfische Nebenlinie in Harburg begründete (bis 1642), sowie mit seinem jüngeren Bruder Franz, der sich 1539 nach Gifhorn zurückzog – Zeichen einer damals bestehenden Neigung zur Besitzaufteilung und Linienbildung im Mittleren Haus Lüneburg.

Ernst, seit 1525 als Lutheraner bekannt, führte seit 1527 in seinem Fürstentum die Reformation ein. Nicht zuletzt wegen seiner notorisch schlechten Finanzsituation legte er dabei Wert auf eine weitgehende Säkularisierung geistlichen Besitzes, ein Vorgehen, das ihm Gegnerschaft eintrug. An der eindeutig protestantischen Einstellung änderte es nichts: 1529 unterschrieb Ernst die Speyerer Protestation, die die Freiheit der Territorialfürsten in Religionsangelegenheiten gegen den Kaiser behauptete, 1530 unterzeichnete er das Augsburger Bekenntnis, 1531 trat er dem Schmalkaldischen Bund der reformatorisch eingestellten Fürsten bei: Der konfessionelle Unterschied zu seinem Verwandten Heinrich dem Jüngeren konnte deutlicher nicht sein.

Auch der Unterschied in den Herrschaftsstrukturen zwischen Braunschweig-Wolfenbüttel und Lüneburg war erheblich. Nach Ernsts des Bekenners Tod 1546 hinterließ er unmündige Söhne, in deren Namen eine Interimsregierung aus Adligen des Landes an der Stelle der unmündigen, untereinander keineswegs einigen Nachfolger die Geschäfte führte. Erst mit der gemeinsamen Regierung der Herzöge Heinrich und Wilhelm d. J. (1559–1569) stellte sich wieder eine zielgerichtete Politik im Land ein. Sie wurde bestimmt von der weiteren Durchsetzung der Reformation durch die Bestellung eines Generalsuperintendenten für das Fürstentum und den Erlass einer Kirchenordnung, aber auch durch Reformen von Recht und Verwaltung. Der Konflikt zwischen den beiden Brüdern brach offen aus, als sich Heinrich durch eine geplante Heirat die Möglichkeit zunichte machte, das Fürstentum ungeteilt an einen Nachfolger weitervererben zu können. Er wurde mit einer Residenz in Dannenberg abgefunden, womit eine weitere, bis 1666 bestehende Nebenlinie entstand. Wilhelm selbst führte bis zu seinem Tode 1592 die Herrschaft über den Lüneburger Teil des Herzogtums alleine. Wie sein Vater, sah auch er in der Vertiefung des Protestantismus im Lande sein wesentliches Ziel. 1580 übernahm er für Lüneburg die Konkordienformel, mit Hilfe derer die dogmatischen Differenzen innerhalb des lutherischen Protestantismus beigelegt werden sollten. Sichtbares Zeichen seiner religiösen Einstellung wurde der Bau der Celler Schlosskapelle, eines der Musterbeispiele protestantischen Kirchenbaus und lutherischer Kirchenausstattung des 16. Jahrhunderts. Im Alter – Wilhelm war 1535 geboren – entwickelte er Anzeichen einer fortschreitenden Geisteskrankheit, die 1587 in die völlige Unzurechnungsfähigkeit mündete. Der Herzog wurde in seinem eigenen Schloss in Celle unter Verschluss gehalten, und für ihn regierten wieder herzogliche Adlige.

Wieder schien das Schicksal des Lüneburger Fürstentums 1592 besiegelt: Erbteilungen und Abfindungen würden jede vernünftige Form der Familienpolitik unmöglich machen und das welfische Fürstentum unwiederbringlich schwächen. Dass sich die sieben Söhne Wilhelms auf die Herrschaft des ältesten von ihnen, Ernst (1592–1611), verständigten, galt den Zeitgenossen als Wunder. In einer für undenkbar gehaltenen Art, vor allem auf den Bestand der fürstlichen Herrschaft ihrer Familie bedacht, schlossen sie darüber einen Vertrag, der nach dem Tod von Ernst 1611 in eine Regelung der Primogenitur mündete. Nur einer der Erbberechtigten sollte heiraten und die Linie fortsetzen dürfen. Das Los bestimmte Georg, geboren 1582, zum Stammvater künftiger Herzöge.

Damit war der Bestand des Lüneburger Fürstentums gerettet und seine Gleichrangigkeit zu den Wolfenbütteler Verwandten gesichert. Hier war nach dem Tode Heinrichs d. J. sein Sohn Julius (1568–1589) als Herzog gefolgt. Angesichts einer körperlichen Behinderung war er ursprünglich nicht für die Regierung vorgesehen worden, sondern sollte Geistlicher werden. Seine

Neigung zum Protestantismus verschärfte die Spannungen mit seinem Vater zu dessen Lebzeiten. Die eigenständige Regierung des an den Lehnstuhl gefesselten Julius war von extremer Sparsamkeit geprägt, dazu von einer unnachgiebig protestantischen Grundeinstellung. Die Gründung der lutherischen Universität Helmstedt 1576 ragt in ihrer Bedeutung weit über die welfischen Territorien hinaus. Freilich galt sein besonderes Interesse nicht den Fragen von Bildung und Erziehung, sondern einer modernen Wirtschaftspolitik. Er betrieb die Förderung des Harzbergbaus und der Metallverhüttung im Harzumland, ließ eine neue Saline errichten, plante die Kanalisierung des Flusses Oker und war insgesamt bemüht, die Schuldenlast des Territoriums zu senken: Bei seinem Tod hinterließ er ein geordnetes und wirtschaftlich prosperierendes Land.

Heinrich Julius (1589–1613), sein Sohn und Nachfolger, lebt bis heute in seinen Bauten: Ihm ist der weitere Ausbau Wolfenbüttels und die Errichtung der dortigen Pfarrkirche Beatae Mariae Virginis zu danken, und er ließ das Hauptgebäude der Helmstedter Universität errichten, nach seinem Vater «Juleum» genannt. Überhaupt war Heinrich Julius der Prototyp des hochgebildeten Fürsten. Den Wolfenbütteler Hof ließ er zu einem kulturellen Fixpunkt Norddeutschlands werden. Freilich hinderte ihn das nicht, gleichzeitig Hexenverfolgungen vornehmen zu lassen: Humanismus und Hexenfurcht waren durchaus vereinbar.

Erhebliche Territorialgewinne zugunsten seines Fürstentums machten Heinrich Julius auch zu einem politischen Gewinner seiner Zeit. Dabei war er weder wählerisch noch feinfühlig: Als er 1596 das Fürstentum Grubenhagen, ein welfisches Teilfürstentum um Einbeck, für seine Linie erwarb und die anderen welfischen Häuser gegen diesen Zugewinn protestierten, ließ er es auf einen Rechtsstreit ankommen, den er 1609 zwar verlor, er konnte aber die Exekution des Urteils aufschieben – Zeichen andauernder machtpolitischer Gegensätze in der Familie.

Finanziell konnte Heinrich Julius den Kurs seines Vaters nicht fortsetzen, sondern stürzte sein Territorium in neue Schulden. Vor allem der Kampf gegen die übermächtig erscheinende Stadt

Braunschweig kostete Mühe und viel Geld, ohne dass sich der erhoffte Erfolg einstellte. Letztlich resignierte der Herzog und hielt sich in den letzten Lebensjahren mehr am Hof Kaiser Rudolfs II. in Prag als in Wolfenbüttel auf. Die Reichspolitik bestimmte seinen Alltag, das Land Braunschweig-Wolfenbüttel trat zurück. In Prag ist Heinrich Julius 1613 gestorben.

8. Calenberg, Celle, Hannover: Der Weg zur Kurwürde (17. Jh.)

Die beiden Häuser Wolfenbüttel und Lüneburg gingen mit sehr unterschiedlichen Vertretern in den Dreißigjährigen Krieg: In Wolfenbüttel herrschte mit Friedrich Ulrich (1613–1634) einer der unfähigsten Welfen überhaupt, ein Fürst ohne Willen zur Herrschaft und mit dem einzigen Wunsch, seinen eigenen Interessen ungestört nachgehen zu können. Im Lüneburger Teil amtierte Christian d. Ä. (1611–1633), der diese Herrschaft neben dem Bistum Minden übernahm, als dessen Elekt er schon 1599 ins Amt gekommen war. Christian ist damit einer jener Angehörigen der Welfen, die im 16. und 17. Jahrhundert in norddeutschen Bistümern wie Bremen, Halberstadt, Magdeburg, Minden oder Ratzeburg als Landesherren eingesetzt wurden und in diesem «welfischen Bischofsreich» der Frühen Neuzeit ihre Familieninteressen nachhaltig zur Geltung brachten.

Die Wirren des Dreißigjährigen Krieges betrafen die welfischen Territorien weniger als andere Bereiche des deutschen Nordens. Die Übermacht der Schweden hielt die protestantischen Welfen lange von der politischen Annäherung an den Kaiser ab, die zumal wegen des ungeklärten Schicksals welfischer Ansprüche auf das Stiftsgebiet um Hildesheim geboten gewesen wäre. Das kaiserliche Restitutionsedikt von 1629 ergab noch einmal eine Form der politischen Einigkeit unter den Angehörigen der Familie gegen den Kaiser, hatte es doch die Wiederherstellung von mehr als dreißig geistlichen Institutionen ihres Herrschaftsgebietes zur Folge.

Diese Gemeinschaft der Welfen fand ihren Ausdruck in innerfamiliären Einigungen der Jahre 1634–1636, die die anstehenden Erbfragen regelten, aber auch – wie sich zeigen sollte – auf Dauer eine Vereinigung welfischer Territorien in einer Hand verhindern sollten. Der Tod Herzog Georgs 1633 und seines

Vetters Friedrich Ulrich, des letzten Angehörigen des Mittleren Hauses Braunschweig-Wolfenbüttel, 1634 führte zur Einigung im Vertrag von Meinersen (1634): Die einzig überlebende Lüneburger Linie behielt sich die Besitzergreifung im Wolfenbütteler Teil insgesamt vor und verhinderte durch diesen Erbvergleich zunächst kaiserliches Eingreifen. 1635 übernahm der bisher in Dannenberg residierende Herzog August d.J. aus der Lüneburger Linie die Herrschaft in Wolfenbüttel, während das im Süden gelegene Teilfürstentum Calenberg-Göttingen an die Celler Linie fiel. Gemeinsam waren und blieben die Rechte der Welfen an der Stadt Braunschweig sowie am Harzbergbau (sog. Kommunionharz). 1636 folgte Herzog Georg in Calenberg nach und verlegte die Residenz nach Hannover.

Damit war 1636 eine Dreiteilung der welfischen Herrschaft erreicht, die in den folgenden Jahrzehnten zunächst erhalten bleiben sollte: In (Braunschweig-)Wolfenbüttel herrschte seit August d.J. (1635–1666) das Neue Haus Braunschweig, hervorgegangen aus der Lüneburger Linie. In Calenberg(-Göttingen) und in Lüneburg selbst amtierten die Nachkommen Herzog Georgs (1636–1641), ebenfalls aus der Lüneburger Linie stammend. Kleinere Teilfürstentümer des welfischen Machtkomplexes wechselten in der Zugehörigkeit zwischen den beiden Häusern, spielten letztlich für die weitere Entwicklung der welfischen Herrschaftsstrukturen aber keine Rolle.

Der Goslarer Frieden des Jahres 1642 trug nicht nur der stärker gewordenen Stellung des Kaisers im deutschen Norden Rechnung, sondern zeigte einmal mehr, dass die Welfen zu gemeinsamem Handeln im Interesse der Familienpolitik willens waren. Sie verzichteten auf antikatholische Bündnisse und traten das seit langen Jahrzehnten umstrittene Kleine Stift Hildesheim einschließlich der Stadt an das katholische Kurköln ab. Dagegen wurde das Große Stift 1643 dem Hildesheimer Bischof restituiert, der dafür den Protestanten in dieser Region die Glaubensausübung gestattete. Mitten in den konfessionellen Auseinandersetzungen des Dreißigjährigen Krieges war so etwas wie eine Teilbefriedung eines größeren Raumes Norddeutschlands erreicht worden.

Dagegen blieben die welfischen Erfolge im Friedensvertrag von Osnabrück und Münster 1648 zwar bescheiden, sollten sich aber perspektivisch als wichtig erweisen: Sie erhielten die Alternativsukzession im Bistum Osnabrück zugesprochen. Diese reichsrechtlich einmalige Konstruktion meint die Tatsache, dass einem katholischen Bischof in Osnabrück jeweils ein evangelischer aus dem Haus der Welfen folgen sollte. Dieser Fall trat erstmals 1661 mit dem jüngsten Sohn Herzog Georgs, Ernst August, ein, der freilich schon 1679 in den weltlichen Stand wieder zurücktrat und 1692 erster welfischer Kurfürst werden sollte. Das Bistum Osnabrück sollte sich beim Ende des Heiligen Römischen Reiches im Besitz der Familie befinden und wurde deswegen nach dem Wiener Kongress 1815 dem neuen Königreich Hannover zugeschlagen, eine der wesentlichen Weichenstellungen für die heutigen Grenzziehungen zwischen den Bundesländern Niedersachsen und Nordrhein-Westfalen.

Das politische Einvernehmen der welfischen Linien untereinander überdauerte den Dreißigjährigen Krieg und setzte sich bis in die 1660er Jahre fort. In der Generation der Söhne Herzog Georgs standen mit Christian Ludwig, Georg Wilhelm und Johann Friedrich gleich drei regierungsfähige Herrscher zur Verfügung, die nacheinander und im Tausch untereinander die Fürstentümer Calenberg, Lüneburg und Grubenhagen in der Hand hielten. Ihr entfernter Vetter August der Jüngere amtierte in Wolfenbüttel. Das Miteinander fand seinen Ausdruck in regelmäßigen Hauskonferenzen zwischen den drei wesentlichen Territorien Calenberg-Hannover, Lüneburg und Wolfenbüttel, in gegenseitigen Arrondierungen, die 1671 im Einvernehmen erfolgten, und in einer weitgehenden Koordination der Außenpolitik der Welfen gegenüber Kaiser und Reich.

Im Inneren war es vor allem das Wolfenbütteler Fürstentum, das kulturelle Maßstäbe weit über Norddeutschland hinaus setzte: August der Jüngere, ein vielfältig interessierter und für Kultur außerordentlich offener Herrscher, machte sich einen Namen als Gründer einer Bibliothek, die noch im 17. Jahrhundert den Rang eines «Achten Weltwunders» zugeschrieben bekam und bis heute als Herzog August Bibliothek in Wolfenbüttel seinen Namen trägt. Seine Ehefrau Sophia Elisabeth von Mecklenburg-Güstrow förderte Theater und Musik am Hofe. Augusts Sohn Anton Ulrich (1685–1714) war ein geachteter Dichter und Schriftsteller, der unter den Bedingungen einer damals schon aufgebrochenen Konkurrenz zur hannoverschen Verwandtschaft große politische Pläne hegte, aber letztlich doch eher als Förderer der Kultur in die Geschichte eingegangen ist: Als Gründer einer Ritterakademie und eines Opernhauses in Wolfenbüttel, eines Theaters in Braunschweig, vor allem aber als Bauherr des 1813 wieder abgerissenen Lustschlosses in Salzdahlum erlangte er Ruhm und Anerkennung. Seine Gemäldesammlung bildet bis heute den Kern des Braunschweiger Herzog Anton Ulrich-Museums.

Lüneburg und Celle

So sehr Wolfenbüttel ein Eigenleben führte und so sehr seine Herzöge erfolgreich weitere Teilungen unterbanden, so unübersichtlich stellte sich die Lage im anderen Teil der welfischen Herrschaften dar. Mit dem Tode des Lüneburger Herzogs Friedrich war 1648 die Möglichkeit zu einer Vereinigung dieses Fürstentums mit Calenberg gegeben. Freilich kam es dazu nicht, sondern zu einer komplizierteren Lösung: Auf der Basis einer Untersuchung der wirtschaftlichen Grundlagen der Fürstentümer Lüneburg und Calenberg trat vielmehr Georgs Sohn Christian Ludwig sein bisheriges Fürstentum Calenberg an seinen jüngeren Bruder Georg Wilhelm ab und übernahm selbst die Herrschaft über den Lüneburger Landesteil mit der Residenz in Celle. Er nutzte dies vor allem dazu, die welfische Präsenz nach Norden stärker zu akzentuieren. Der Ausbau der wichtigen Elbfestung Harburg geht auf seine Zeit ebenso zurück wie die endgültige Beendigung städtischer Eigenständigkeit in Lüneburg, sichtbar werdend durch die Errichtung einer welfischen Befestigung auf dem Kalkberg.

Der Tod des kinderlosen Christian Ludwig 1665 brachte eine Konfrontation seiner beiden jüngeren Brüder untereinander mit sich, die um das reiche Erbe kämpften. Letztlich setzte sich dabei Georg Wilhelm als älterer der beiden durch (1665–1705), der nun das Schloss in Celle bezog, während der jüngere Bruder Johann Friedrich seinerseits Calenberg mit Hannover von ihm übernahm. Die Zeit Georg Wilhelms als Celler Herzog stellt einerseits den Höhepunkt der Entwicklung dieses Teilfürstentums dar, andererseits sollte gerade er politisch eher der Verlierer des politischen Aufstiegs seiner Familie in den Rang der Kurfürsten werden.

Georg Wilhelm hatte 1656 Sophie von der Pfalz geheiratet, eine Tochter des Winterkönigs Kurfürst Friedrich von der Pfalz und der englischen Elisabeth Stuart. Sophie stellte vor allem wegen der Herkunft aus kurfürstlicher Familie und wegen ihrer Erbansprüche als Enkelin des englischen Königs Jakob/James I. für die Welfen einen wichtigen Schritt auf dem Weg zu einer möglichen Standeserhöhung dar. Jedoch war ihre Ehe mit Georg Wilhelm nicht von Dauer: Er reichte sie bereits 1658 an seinen jüngeren Bruder Ernst August weiter und versprach für diesen Brauttausch, seinerseits ehelos zu bleiben, ein Versprechen, das er nicht einhielt. Seit 1665 lebte er vielmehr in einer Konkubinatsehe mit der nicht standesgemäßen französischen Adligen Eléonore d'Olbreuse zusammen, einer streng auf Moral achtenden jungen Dame aus alter Familie des Poitou, die 1666 die gemeinsame Tochter Sophie Dorothea zur Welt brachte. Erst 1675/76 wurde die lange bestehende Ehe förmlich geschlossen. Die Tochter Sophie Dorothea wurde 1682 mit dem Sohn des Calenberger Herzogs und vormaligen Osnabrücker Bischofs Ernst August, Georg Ludwig, verheiratet und sollte es nicht nur zur Kurfürstin, sondern auch zur Königin von Großbritannien bringen.

Celle erlebte unter Georg Wilhelm und Eléonore eine bisher unbekannte Blüte. Die Neugestaltung des Schlosses, die Einrichtung einer ständigen Theatertruppe, die Förderung von Oper, Ballett und konzertanter Musik gingen einher mit einer Ausweitung des Hofstaates, der nun auch Franzosen und Italienern als Anziehungspunkt diente. Die Jagdleidenschaft Georg Wilhelms prägte seinen Herrschaftsstil über die Jahre immer intensiver: Sommer für Sommer wurde das Jagdschloss

Göhrde, erbaut seit 1671, zum Zentrum der Politik und der Repräsentation.

Mit dem Tode Georg Wilhelms 1705 fiel das Fürstentum Lüneburg mit seiner Residenz in Celle an Calenberg-Hannover, mithin an den Nachfolger seines Bruders Ernst August, Georg Ludwig. Celle verlor seinen Status als Residenzstadt und damit seine Bedeutung. 1711 wurde hier das Oberappellationsgericht für die welfischen Kurterritorien eingerichtet, Grundlage der bis heute anhaltenden Bedeutung Celles als Stadt der Justiz.

Calenberg-Hannover auf dem Weg zum Kurhut

Das Fürstentum Calenberg-Göttingen mit Grubenhagen entwickelte sich seit den Zeiten Herzog Johann Friedrichs (1665–1679) zum Zentrum welfischer Politik. Wenn irgendwo, dann war hier der Schlüssel für eine Verbesserung der welfischen Standesqualitäten zu finden. Lange schon war die Hauptstadt dieses Fürstentums in Hannover, das seit den 1630er Jahren ausgebaut worden war und mit der Präsenz einer katholischen und einer jüdischen Gemeinde am Ort eine Form des religiösen Miteinanders aufwies, die anderen welfischen Städten weniger eigen war. Johann Friedrich selbst war bereits 1651 zum Katholizismus konvertiert, beließ es aber bei der privaten Ausübung seines Bekenntnisses, ohne die Pflichten welfischer Hausordnungen zu verletzen, die den Bestand des Protestantismus garantierten.

Wie seine Zeitgenossen an anderen welfischen Höfen, so bemühte sich Johann Friedrich um die Förderung der Kultur. Die Anlage der Herrenhäuser Gärten, die Förderung der Oper, die Berufung von Gottfried Wilhelm Leibniz dienten als Instrumente dafür, dem Hannoveraner Hof einen Ruf über Norddeutschland hinaus zu verleihen. Die Jahrzehnte vor und um 1700 werden so an allen welfischen Residenzen zu einer Blütezeit der Hofkultur, gefördert von kunstsinnigen Fürsten, für die der Vergleich mit den europäischen Höfen der Zeit, vor allem in Frankreich und Italien, der wichtigste Maßstab war.

Im Inneren aber wirkte Johann Friedrich vor allem als Fürst

auf dem Wege zu einer absolut zu nennenden Regierungsgewalt. Er beschnitt die Mitwirkungsrechte der Landstände, insbesondere bei der Steuerbewilligung, und sah jeden ständischen Anspruch als Angriff auf seine fürstliche Superiorität an. Der Ausbau der hannoverschen Armee verschlang immense Gelder, machte den hannoverschen Herzog aber zum Herrn über 15 000 Soldaten in seinem stehenden Heer, damit zu einem Machtfaktor von reichsweiter Bedeutung.

Johann Friedrichs Bruder und Nachfolger Ernst August hatte seit 1661 als Bischof von Osnabrück amtiert und übernahm nun 1679, gemeinsam mit seiner Ehefrau Sophie von der Pfalz, die Regierung in Hannover. Die Ehe litt unter den außerehelichen Eskapaden des Ehemannes und unter den Mätressenbeziehungen, unter seinen häufigen Abwesenheiten auf Reisen, auch unter Sophies intensiven kulturellen und geistigen Interessen, denen der Ehemann nichts Entsprechendes an die Seite zu setzen hatte. Sophie verlegte sich auf die standesgemäße Versorgung ihrer Kinder als wesentliches Feld der Familienpolitik. Ihre Tochter Sophie Charlotte sollte 1684 den späteren König Friedrich I. in Preußen heiraten.

Seit spätestens 1682 bemühte sich Ernst August intensiv um die Erlangung der Kurwürde. Die Heirat seines Sohnes Georg Ludwig mit der Celler Herzogstochter Sophie Dorothea bot die territoriale Basis dafür. Ernst Augusts Testament von 1682, 1683 kaiserlich bestätigt, enthielt die Festlegung der Primogenitur unter seinen Nachfolger und erfüllte damit eine der wesentlichen Voraussetzungen der Erhebung zum Kurfürstentum: die Unteilbarkeit des welfischen Besitzes. Offene Auseinandersetzungen unter seinen Söhnen waren die Folge, doch sie hatten keinen Einfluss auf seine Entscheidung. Die Verwandten in Wolfenbüttel nahmen umgehend ihren Kampf gegen die Hannoveraner Bestrebungen auf, vermochten sich aber ebenso wenig durchzusetzen. Geblieben ist eine über Jahrzehnte anhaltende Missstimmung innerhalb der welfischen Familie.

1692 wurde durch Kaiser Leopold I. der Kurkontrakt ausgefertigt, in dem Ernst August zum Kurfürsten erhoben wurde. «Der teuerste Hut der Weltgeschichte» hatte enorme Aufwendungen verursacht. Die endgültige Aufnahme des Welfen in das Kurfürstenkolleg sollte noch Jahre dauern, zu groß waren die Widerstände der katholischen Kurfürsten gegen die Erhebung des protestantischen Welfen, die die konfessionellen Verhältnisse an der Reichsspitze zu verändern drohten. Die übrigen Reichsfürsten sahen sich in ihren Mitwirkungsrechten beschnitten und lehnten die Erhebung unter Führung Herzog Anton Ulrichs von Braunschweig-Wolfenbüttel ebenfalls zunächst ab. Erst 1708 wurde Ernst Augusts Sohn Georg Ludwig endgültig als Erzschatzmeister in das Kurkolleg aufgenommen.

9. Welfengeschichten II: Gottfried Wilhelm Leibniz

1646 in Leipzig geboren, wurde Leibniz 1676 durch den Kurfürsten Johann Friedrich als Hofrat und Hofbibliothekar nach Hannover berufen. Seit 1691 amtierte er auch als Bibliothekar der Wolfenbütteler Bibliothek. Seine eigentliche Aufgabe am Hannoveraner Hof lag darin, eine Geschichte des Welfenhauses zu verfassen und dafür die über ganz Europa verstreuten Quellen zu sammeln.

Freilich gingen seine Interessen und seine dienstlichen Aufgaben weit darüber hinaus, in die Verwaltung, gelegentlich auch die Diplomatie, vor allem aber in die Wissenschaft. Im Sinne des Universalgelehrtentums, das er wie kaum jemand nach ihm verkörperte, beschäftigte er sich mit den Naturwissenschaften und dem Recht, verfasste Traktate zur Reform von Münzen, zur Einrichtung wissenschaftlicher Akademien, entwickelte er die Infinitesimalrechnung, entwarf ein Unterseeboot, baute eine Rechenmaschine oder betrieb die Gründung einer Versorgungskasse für Witwen und Waisen. Freilich sah er selbst seine wissenschaftlichen Arbeiten weit weniger disparat, sondern als eine Einheit, die nur von der Philosophie her zu begreifen und zu umfassen war. Seine umfangreichen Korrespondenzen, eingebettet in ein internationales Netzwerk, zeugen von einem ebenso unstillbaren wie sachlich unbegrenzten Wissensdrang. Sein Nachlass umfasst weit mehr als nur Vorstudien zu publizierten Werken, sondern stellt eine Fundgrube für die Erforschung der Geschichte nahezu aller Wissensdisziplinen seiner Zeit dar.

Leibniz galt unter Historikern lange Zeit als nicht sonderlich originell, unter Philosophen und Mathematikern eher als jemand, den seine fruchtlose Tätigkeit im Interesse seiner Welfengeschichte von der Weiterentwicklung seiner philosophisch-naturwissenschaftlichen Konzepte abgehalten hätte. Die Veröffentlichung einer repräsentativen Auswahl seiner historischen Schriften im Jahre 2004 hat diese Haltung der Historiker verändert.

Seit etwa 1685 hatte sich Leibniz um die Welfengeschichte gekümmert. Dabei war er zeittypisch von der besonderen Bedeutung der Schriftquellen ausgegangen, die er zu sammeln versuchte und für deren wissenschaftliche Herausgabe er wesentliche Vorarbeiten leistete, die erst nach seinem Tode in den fünf Bänden der «Origines Guelficae» (1750–1753) tatsächlich erfolgte. Sein Bestreben, nicht nur mittelalterliche Geschichtsquellen, sondern auch Nachlässe bedeutender Wissenschaftler seiner Zeit zu bewahren, galt dem Ziel, auf einer möglichst breiten Materialbasis arbeiten zu können. Verbunden damit nahm er die Anregungen der damals entstehenden Hilfswissenschaft der Urkundenlehre (Diplomatik) auf und trug zu Untersuchungen von Echtheit bzw. Fälschung mittelalterlicher Urkunden bei.

Diese breite Anlage seiner Forschungsarbeiten verhinderte die Bearbeitung einer ursprünglich wesentlich bescheidener gedachten und methodisch weniger anspruchsvollen Dynastiegeschichte. Erste Entwürfe der Jahre 1691–1692 zeigen, wie weit Leibniz über den Erwartungen des Herzogs Ernst August gelegen haben dürfte. Sie zeigen aber auch, dass Leibniz weit mehr als einer der Begründer wissenschaftlicher Landesgeschichte und Landesforschung zu gelten hat, als dass er im engeren Sinne ein Welfengeschichtsschreiber gewesen wäre.

Am ehesten von praktischer Bedeutung waren die rechtshistorischen Arbeiten des Gelehrten, die dazu gedacht waren, aktuelle politische Streitfragen im Sinne der Welfen mit historischen und juristischen Argumenten entscheiden zu können. Insbesondere bei den Bemühungen um den Erwerb der Kurfürstenwürde kamen Ernst August die Gutachten seines Hofrates Leibniz zugute.

Für ein anderes der zahllosen Projekte Leibniz' waren die welfischen Territorien ein zu kleiner Bezugsrahmen: Die Gründung einer Akademie auf Reichsebene sollte seiner Meinung nach ein Instrument dazu sein, eine Reichsgeschichte entstehen zu lassen, die den Nationalgeschichten benachbarter Staaten gleichkommen, dabei aber auch die Superiorität des Kaiserreiches gegenüber den Nachbarn mit historischen Mitteln würde untermauern können. Weder am Kaiserhof in Wien, noch bei späteren, ähnlichen Versuchen in Hannover konnte Leibniz Erfolge verzeichnen. Seine Planungen allerdings wurden in den entstehenden Wissenschaftsakademien des ausgehenden 18. Jahrhunderts und in den großen Quelleneditionen des 19. Jahrhunderts zur deutschen Geschichte letztlich wieder aufgenommen, ohne dass man dabei seinen Namen erwähnt hätte.

Leibniz als Welfenhistoriker: Es ist ein winziger Ausschnitt aus dem Wirken eines wahrhaft universalen Geistes, der hier nur angerissen wurde. Was sein Wirken bedeutend macht, ist, dass er über seine Arbeiten als Wissenschaftler hinaus als ständiger Ratgeber der Hannoveraner Herzöge seiner Zeit und insbesondere als Gesprächspartner der Herzogin Sophie gilt. Der bürgerliche Wissenschaftler und Hofrat, der für Sophie «ein vorbehaltloser Freund» war, ist auch in dieser Beziehung ein untypischer Vertreter seines Standes gewesen.

10. Hannover und London: Das Zeitalter der Personalunion mit Großbritannien (1714–1837)

Von der Kurwürde zum Königtum

Mit dem Aufstieg in das Kurfürstenkollegium waren für Ernst August und Georg Ludwig von Braunschweig-Lüneburg – deren Territorium nun verkürzt als Kurhannover bezeichnet wurde – die Repräsentationsbedürfnisse angewachsen. Ernst August war ein Liebhaber des Karnevals und hat allein im Jahre nach der Erhebung in den Kurfürstenstand für diese Feier den finanziellen Jahresertrag des Fürstentums Göttingen ausgegeben. Zwar reisten er und sein Sohn seither nicht mehr alljährlich nach Venedig und Italien, aber das tat dem Wunsch nach Selbstdarstellung keinen Abbruch. Nur konzentrierten sich die Bemühungen nun auf Hannover: Der Ausbau des Stadtschlosses wurde vorangetrieben und bis 1689 durch ein Opernhaus gekrönt. Der Erwerb von Bauernhöfen und Ländereien vor der Stadt ließ den Bau des Lustschlosses Herrenhausen möglich werden: Die Anfänge lagen noch in den 1660er Jahren unter Herzog Johann Friedrich, aber der Ausbau der dreiflügeligen Schlossanlage erfolgte erst um 1700. Die Anlage des Großen Gartens bis 1714 mit einer gewaltigen Fontäne als Blickfang und Mittelpunkt soll Anregungen von Leibniz aufgegriffen haben und gilt als bedeutende Gartenschöpfung des Hochbarock. Schlösser und Gärten boten Schauplätze für Musik, Oper und Theater. Der kurfürstliche Hof in Hannover wollte sichtlich unter Beweis stellen, dass die Vergabe des Kurhutes an die Welfen berechtigt gewesen war und dass ihre Fähigkeiten zur Repräsentation dieser neuen Stellung entsprachen.

Kurfürst Georg Ludwig (1698–1727) war der erste Welfe, der im Besitz der Kurwürde seine Herrschaft angetreten hatte. Auch wenn es noch Jahre dauern sollte, bis er tatsächlich ins Kurfürstenkollegium aufgenommen wurde und diese Aufnahme auch die Billigung der Wolfenbütteler Vettern gefunden hatte, so verfolgte er doch von Anfang an seine und die politischen Ziele seiner Familie von einer höheren Ebene aus.

Das wesentliche Ziel war dabei die Verwirklichung der Ansprüche auf die Thronfolge in England. Kurfürstin Sophie von der Pfalz, Georg Ludwigs Mutter, hatte als Tochter einer englischen Stuart Ansprüche auf das Thronerbe. Obwohl zunächst weit hinten in der Thronfolge rangierend, rückte sie bis 1700 auf den ersten Platz vor. In England selbst hatte das Parlament als Ergebnis der Glorious Revolution 1688/89 in der Bill of Rights nicht nur die eigene Rolle bis in die Nähe einer konstitutionellen Monarchie aufwerten können, sondern es hatte die Thronfolge ganz explizit auf protestantische Mitglieder des Hauses Stuart beschränkt. Dabei war die Aufnahme Sophies in diese Liste von Anwartschaften zunächst umstritten gewesen, und Georg Ludwig selbst hatte diese Möglichkeit auch nicht sonderlich ernsthaft verfolgt, aber der Tod des bis dahin ersten Anwärters, des Herzogs von Gloucester, im Jahre 1700 veränderte die Situation mit einem Schlag.

Der Act of Settlement vom 23. Juni 1701 hielt die Möglichkeit der Thronfolge für Sophie von der Pfalz und ihre protestantischen Nachkommen explizit fest. Diese Urkunde wurde der Kurfürstin am 15. August 1701 in Herrenhausen übergeben. Damit war an der rechtlichen Situation in zweierlei Richtung nicht zu zweifeln: Die Thronfolge war gesichert, aber die Regelung ging auf einen parlamentarischen Beschluss zurück – keine leichte Situation für einen Hannoveraner Kurfürsten, für den die Berechtigung parlamentarischer Beschlussfassung in solchen Fragen undenkbar schien.

Auch in England selbst waren die Regelungen umstritten, wenngleich aus anderen Gründen. Nach dem Tode König Wilhelms/Williams III. 1702 und der Nachfolge durch Königin Anna/Anne standen die bilateralen Beziehungen auf einem Tiefpunkt, denn die Königin war nicht nur eine Gegnerin dieser Thronfolgeregelung, sondern vermutete – nicht zu Unrecht übrigens –, dass die Welfen in dieser Richtung Initiativen entfalten würden, weswegen sie ihnen das Betreten der Insel verbot. Das

Parlament setzte dem den Act of Naturalisation und den Act of Regency, beide vom 11. April 1706, entgegen, in denen Sophie zunächst zur gebürtigen Engländerin erklärt wurde, um Einsprüche abzufangen, dass sie als Ausländerin nicht thronfolgeberechtigt sei, und zum zweiten ein Regentschaftsrat für die Zeit eines möglichen Interregnums eingerichtet wurde. Der Act of Union vom 1. Mai 1707 sicherte die Realunion und damit die verfassungsmäßige Verbindung zwischen England und Schottland, letztlich also die Thronfolge auch in Schottland. Der Act of Precedence vom 20. Februar 1712 sicherte den welfischen Thronfolgern den ersten Rang im Protokoll nach der Königin. Es bedurfte dieser umfangreichen Gesetzgebung, um den juristischen Rahmen abzustecken, innerhalb dessen die Sukzession würde eintreten können.

Freilich erlebte Sophie diese Thronfolge nicht mehr. Sie starb, möglicherweise unter dem Eindruck tiefgreifender Gegensätze mit Königin Anna und entsprechender Korrespondenzen, am 8. Juni 1714. Wenig später, am 1. August, starb auch die Königin in Kensington. Am 29. September 1714 betrat Kurfürst Georg Ludwig in Greenwich als künftiger König englischen Boden, legte am 3. Oktober den Eid auf die Gesetze und auf die englisch-schottische Union ab und wurde am 20./31. Oktober 1714 als König Georg/George I. in Westminster gekrönt. Innerhalb von eben 22 Jahren hatten die Welfen zum zweiten Mal einen gewaltigen Zugewinn an Stellung, Macht und Prestige erreicht.

König Georg I. (1714–1727) und die Durchsetzung der Herrschaft in Großbritannien

Die Aufnahme des Welfen in England war eher zwiespältig. Als König einen Ausländer zu haben, der Georg war und letztlich auch bleiben sollte, mit einem immer durchzuhörenden fremden Akzent im brüchig gesprochenen Englisch, war schwer verkraftbar. In den inneren Angelegenheiten des Königreichs musste der neue Monarch erst Erfahrungen sammeln, zumal im für ihn unbekannten Umgang mit der Institution des Parlaments. Zudem brachte der neue Herrscher eine ganze Reihe von Vertrauten mit auf die Insel, die durch ihre Tätigkeit den Verdacht wachsen ließen, er werde England als Nebenland seines kontinentalen Kurfürstentums ansehen und behandeln. Dass dies letztlich nicht so sein sollte und dass die Personalunion, die 1714 begründet wurde, mehr als vier Menschenalter bis 1837 Bestand haben würde, war an ihrem Beginn nicht abzusehen.

Ganz im Gegenteil beherrschten Gegenkräfte der Personalunion die politische Szenerie in England und Schottland. Zwar gelang es 1715 und 1719, Aufstände der Jakobiten niederzuschlagen, die statt Georg einen Sohn des verstorbenen Jakob/James II., James Stuart, als König zu installieren versuchten, aber die daraus entstehenden Belastungen bestärkten den König in seiner Skepsis gegenüber den ihm kritisch gegenüberstehenden Tories im Parlament. Georg I. wurde ein König der Whigs, die er in den Personen von James Stanhope und später Robert Walpole zu den wichtigsten Stützen seiner Regierungstätigkeit machte.

Georg I. scheint lange mit dem Gedanken geliebäugelt zu haben, die Personalunion nicht beizubehalten, sondern unter seinen Nachkommen den Älteren als König in Großbritannien, den Jüngeren jeweils als Kurfürsten in Hannover folgen zu lassen. Das mag der Ansicht geschuldet gewesen sein, die außenpolitischen Orientierungen der beiden Territorien ließen sich nicht zur Deckung bringen, eine Befürchtung, die sich in der Tat erfüllen sollte.

Insgesamt sechsmal besuchte der König sein Hannoveraner Kurfürstentum, jeweils für einen ganzen Sommer. Das Hofleben in der Residenzstadt und vor allem im Jagdschloss Göhrde ging fort, auch wenn es deutlich an Bedeutung verlor. Außenpolitisch hingegen verzeichnete Georg als Kurfürst bedeutende Erfolge. So glückte 1715 als Ergebnis des Nordischen Krieges die Erwerbung von Bremen-Verden; schon 1705 hatten die Welfen Sachsen-Lauenburg hinzugewonnen. Im Inneren des Kurfürstentums entwickelte sich seit der zweiten Hälfte des 17. Jahrhunderts zunehmend eine Schicht von gut ausgebildeten, standesbewussten bürgerlichen Hofbeamten, die neben dem auch weiterhin bestimmenden Adel des Landes erheblichen Einfluss auf die Regierungspraxis im Namen des meist abwesenden Kurfürsten ausübte. Diese Regierung basierte auf einem 1714 erlassenen Reglement, dessen vielfältige Unklarheiten es den Ministern in Hannover ermöglichten, eine außerordentlich starke Stellung aufzubauen. Sie hielten ständig schriftlichen Kontakt zur Deutschen Kanzlei in London, der erstmals 1721 sogenannten Verbindungsstelle zwischen dem Königreich und dem Kurfürstentum, die von Hannoveraner Diplomaten und Beamten geleitet wurde. Unter den Kommunikationsbedingungen des frühen 18. Jahrhunderts war die Personalunion auch eine logistische Herausforderung von bisher unbekanntem Umfang.

König Georg II. (1727–1760), der Siebenjährige Krieg und die Gründung der Universität Göttingen

Mit Georgs I. Sohn und Nachfolger wurde die Reihe der britischen Georges weitergeführt, auch er in den Augen mancher Briten ein typischer Deutscher, wenngleich weitaus eher bereit, sich auf sein neues Königreich auch mental einzulassen, und überdies ein begabter Militär. Verheiratet war er mit Karoline von Brandenburg-Ansbach, der möglicherweise einflussreichsten unter den Königinnen jener Zeit.

Georg II. hatte im Unterschied zu seinem Vater ein Gespür für den Handlungsrahmen, den ihm die Verfassung und das Parlament ließen. Trotz spürbarer Abneigung beließ er auch Walpole († 1745) im Amt, dessen Tod freilich das Fehlen eines außenpolitisch weitsichtigen Beraters schmerzlich erkennen ließ. Anders als Kurhannover wurde Großbritannien in diesen Jahren zunehmend in europäische Konflikte einbezogen, und nun wurde mehr als deutlich, was bereits Georg I. gefürchtet hatte: die Unterschiedlichkeit, ja teilweise Gegenläufigkeit der Interessen Großbritanniens und Hannovers. Aus Hannoveraner Sicht war Georgs II. Unterstützung für die Wahl des Wittelsbachers Karl Albrecht zum Kaiser 1742 logisch, aus britischer Sicht stellte sie eine schwer verständliche Begünstigung französischer Interessen dar. Von Frankreich gefördert, kam es in den Jahren 1745/46

Ernst August
Herzog 1679–1698
Kurfürst von Braunschweig-Lüneburg («Kurhannover»)
1692–1698

|

Georg I. Ludwig
Kurfürst 1698–1727
als Georg I. König von Großbritannien 1714–1727

|

Georg II. August
Kurfürst
König von Großbritannien
1727–1760

|

Friedrich Ludwig
Prince of Wales

|

Georg III.
Kurfürst
König von Großbritannien
1760–1820
König von Hannover
(1814/15–1837)

Georg IV.	Wilhelm IV.	Ernst August
König von Großbritannien und Hannover 1820–1830	König von Großbritannien und Hannover 1830–1837	König von Hannover 1837–1851
		Georg V. König von Hannover 1851–1866

Welfen als Kurfürsten von Kurhannover, Könige von Großbritannien und Könige von Hannover

auch nochmals zu einem Aufflackern der Jakobitenaufstände. Wilhelm August von Cumberland, ein Sohn Georgs II., schlug die Aufständischen an der Spitze der britischen Truppen in der Schlacht von Culloden vernichtend. Erstmals zeichnete sich ein Welfe an der Spitze eines englischen Heeres militärisch aus.

Zum eigentlichen politischen Lackmustest sollte für Georg II. aber der Beginn des Siebenjährigen Krieges (1756–1763) werden. Der Kampf zwischen Preußen und Österreich um Schlesien, dazu die Auseinandersetzungen zwischen Frankreich und England um die Kolonien Nordamerikas schufen ein Geflecht von Konfliktlinien, in dem eine geradlinige Politik schon dann schwerfiel, wenn die Interessen nur eines Territoriums zu berücksichtigen gewesen wären. Umso schwieriger sollte die Position des König-Kurfürsten in der Personalunion Großbritannien-Hannover werden.

1756 stand England an der Seite Preußens und war bereit, den Besitz Schlesiens gegen Österreich zu garantieren. Dem stand ein Bündnis zwischen Österreich und Frankreich gegenüber, dessen bloße Existenz Georg II. veranlasste, Kurhannover gegen eine befürchtete Invasion Frankreichs mit einer starken Armee zu bewaffnen, weswegen es seit 1757 als Kriegspartei galt. Als dieses Heer im Juli 1757 bei Hastenbeck (bei Hameln) eine schwere Niederlage gegen französische Truppen erlitt, wiederum übrigens unter Wilhelm August von Cumberland, war das Scheitern der kurhannoverschen Politik absehbar. Verhindert wurde es durch die Aufstellung einer neuen Armee und deren Sieg in der Schlacht bei Minden am 1. August 1759, erfochten unter dem Oberbefehl Herzog Ferdinands von Braunschweig-Wolfenbüttel.

Nach dem Tode Georgs II. und angesichts britischer Erfolge in Nordamerika kam es auf Betreiben des Parlaments schnell zu einer Beendigung der Kampfhandlungen. Großbritannien wandte sich von Preußen ab, suchte Möglichkeiten einer Verständigung mit Frankreich und schloss 1763 einen Frieden, der die britische Stellung und den Verlust der französischen Besitzungen in Amerika bestätigte. Der kontinentale Frieden von Hubertusburg bestätigte den Status quo, auch für Kurhannover, das ohne jeden Gewinn aus dem verlustreichen Krieg hervorging. Hannover hatte die Erfahrung machen müssen, als kontinentaler Ableger von Großbritannien zum Kriegsziel gemacht zu werden, eine Erfahrung, die in den Augen mancher Welfentreuen den Charakter des Kurfürstentums als britisches

Nebenland deutlicher zum Ausdruck brachte, als es ihnen lieb war.

Im Innern Kurhannovers stellte die Gründung der neuen Landesuniversität Göttingen im Jahre 1734/37 den entscheidenden Vorgang der Regierungszeit Georgs II. dar. Sie war von Anfang an als eine Reformuniversität gedacht, die nicht nur die aktuellen Entwicklungen der Wissenschaft aufnehmen, sondern in ihrer Konzentration auf die Kameral- und Staatswissenschaften ganz deutlich für die Ausbildung einer Führungselite des Kurfürstentums, womöglich auch des Königreiches dienen sollte. Bedeutende Professoren lehrten in den ersten Jahrzehnten nach der Gründung in Göttingen und wirkten an der Übertragung britischer Ideen nach Kurhannover mit: Die Universität wurde zu einem wesentlichen Punkt des Austausches zwischen den beiden Territorien, nicht zuletzt auch durch eine stetig zunehmende Zahl britischer Studenten. Neben den Verbindungen zwischen Hannover und London durch die Deutsche Kanzlei wurde hier in Göttingen der Charakter der Personalunion als eines Kommunikationsraumes besonders deutlich. Verantwortlich für den Erfolg der Gründung war Gerlach Adolph Freiherr von Münchhausen, Georgs II. Premierminister, der sich auf die Förderung durch Königin Karoline hatte stützen können. Der weit über die Grenzen des Kurfürstentums hinaus ausstrahlende Ruf dieser Universität war weitgehend Münchhausens Verdienst.

König Georg III. (1760–1820), die Unabhängigkeit der Vereinigten Staaten und der Krieg gegen Napoleon

In die lange Regierungszeit König Georgs III. fielen nicht nur die Unabhängigkeit der Vereinigten Staaten von (Nord-)Amerika, das Entstehen des indischen Kolonialreiches oder die Errichtung der Kolonien in Neuseeland und Australien, sowie die staatsrechtliche Begründung des Vereinigten Königreichs, sondern mit dem Beginn der Industrialisierung auch die ersten Schritte zu einer Modernisierung Großbritanniens.

Georg III., der erste geborene Engländer unter den Königen der Personalunion, führte mit seiner Frau Charlotte von Mecklenburg-Strelitz ein eher bürgerliches Leben. Zwar hatte er 1762 Buckingham Palace als privaten Wohnsitz erworben, aber von königlicher Prachtentfaltung hielt der Herrscher wenig. Der beliebte und leutselige König erkrankte erstmals 1788 an der schubweise vorangehenden, erblichen Stoffwechselkrankheit Porphyrie, die bei ihm vor allem Auffälligkeiten im Verhalten auslöste und seit 1810 zur Regierungsunfähigkeit führte.

Der wichtigste Vorgang der Außenpolitik war der Amerikanische Unabhängigkeitskrieg. Bereits vor 1763 war es zu kostenträchtigen Auseinandersetzungen mit Frankreich um den Besitz nordamerikanischer Kolonien gekommen. Gegen die Refinanzierung dieser Aufwendungen durch Steuererhöhungen wandten sich die Kolonisten, sichtbar in der Bewegung der Boston Tea Party 1773. Georg III. sah ihre Boykottaufrufe gegen das Mutterland als Rebellion an. Dagegen erklärten die Kolonien am 4. Juli 1776 ihre Unabhängigkeit. Mehrjährige Kämpfe führten 1783 zur Anerkennung dieser Unabhängigkeit, ein Ergebnis, das Georg III. bis zuletzt zu vermeiden bemüht war. Dass er selbst sich mit dieser Haltung innenpolitisch isolierte, sah er nicht.

Im Inneren führte seit 1784 William Pitt d. J. als Premierminister jahrelang die Regierungsgeschäfte. Erfolgreich in der Steuer- und Finanzpolitik, entwickelte er sich zu einem der bedeutenden konservativen Politiker der Zeit um 1800. Im Streit um die Ausgestaltung der Politik gegenüber Irland, das 1801 in eine Realunion mit Großbritannien überführt wurde, trat er zurück. Das erwies sich vor allem angesichts der Auseinandersetzungen mit dem napoleonischen Frankreich als schwere Belastung für die britische Außenpolitik. Die zunehmende Verwicklung Großbritanniens in die kontinentale Politik hätte eines starken Außenpolitikers bedurft: Kurhannover war 1803 von Frankreich besetzt worden, woraufhin Großbritannien den Krieg erklärte und in der Seeschlacht von Trafalgar 1805 den französischen Seemachtplänen ein Ende bereitete. Napoleon seinerseits versuchte, mit der Kontinentalsperre die britische Wirtschaft in die Knie zu zwingen, scheiterte daran jedoch. Letztlich erwies sich Großbritannien bis 1815 – nicht zuletzt aus geographischen Gründen – als entscheidender Gegner des Franzosen. Georg III. sollte dies nicht mehr bewusst erleben, denn sein Sohn, der spätere Georg IV., hatte als Prinzregent bereits die Regierungsgeschäfte übernommen.

In Hannover hatte die Regierungszeit Georgs III. im Grunde keine bedeutenden Änderungen bewirkt und verlief seltsam ereignislos. Das Kurfürstentum war sichtbar zum britischen Nebenland herabgesunken und wurde eher verwaltet als regiert, zumal angesichts der wirtschaftlichen Fortentwicklungen in anderen Territorien ein faktischer Rückschritt. Zwar blieb auch Kurhannover nicht der rückständige Agrarstaat mit ausschließlich altständischer Prägung, als den man ihn lange Zeit angesehen hat, aber alle Ansätze zur gewerblichen und später industriellen Modernisierung blieben eher zaghaft. Lediglich agrarische Reformen wurden begonnen, so etwa seit 1802 die Gemeinheitsteilung in den Dörfern, die Moorkultivierung oder 1764 die Gründung der Landwirtschaftlichen Gesellschaft in Celle nach englischem Vorbild, aber letztlich ordnete sich all das nicht in eine überwölbende Konzeption Georgs III. oder seiner Minister ein.

Welfische Prinzen und Prinzessinnen in Zeiten der Personalunion

Ohne Frage wäre es zu kurz gegriffen, nur die Reihe der Könige aus dem Hause Hannover zu verfolgen und damit diesem Haus der Welfen in der Geschichte des 18. und frühen 19. Jahrhunderts gerecht werden zu wollen. Vielmehr spielten seit dem Beginn der Personalunion auch die jüngeren Schwestern und Brüder der regierenden Herrscher eine politisch mitunter bedeutende Rolle.

Beginnend mit Georgs I. jüngstem Bruder Ernst August, der 1716 zum Bischof von Osnabrück bestimmt worden war und gleichzeitig bis zu seinem Tode 1728 das Herzogtum von York und Albany wahrnahm, gehörten die welfischen Königsgeschwister zum Hochadel des britischen Königreichs, ganz wie das durch den Act of Precedence 1712 vorgesehen war. Die Standeserhebung zu Königen ermöglichte es den Welfen nunmehr, ihre Töchter ganz ohne Schwierigkeiten in königliche Häuser zu verheiraten, so etwa Georgs I. Tochter Sophie Dorothea an König Friedrich Wilhelm I. von Preußen oder Georgs II. Tochter Louise an König Friedrich/Frederik V. von Dänemark.

Besondere Bekanntheit erreichte unter diesen welfischen Prinzessinnen Caroline Mathilde, die jüngste Schwester Georgs III., die 1766 als Gattin König Christians VII. ebenfalls nach Dänemark verheiratet worden war. Seit 1770 in den Leibarzt und Minister ihres zunehmend geisteskranken Ehemannes, in Johann Friedrich Struensee, verliebt, wurde sie 1772 von ihrem Mann geschieden. Ihr Liebhaber wurde hingerichtet, sie selbst nach Celle in die Verbannung geschickt, wo sie – erst 24jährig – 1775 starb. Ihr Schicksal wurde, romantisch überhöht, vielfach zum Stoff von Romanen und Filmen.

Unter der zahlenmäßig großen Nachkommenschaft König Georgs III. – er hatte neun Söhne und sechs Töchter – sollten sich nicht nur drei Könige befinden (Georg IV., Wilhelm IV. und Ernst August von Hannover), sondern mit Adolph Friedrich Herzog von Cambridge auch der Befehlshaber der King's German Legion, eines Militärverbandes, der zum Kampf gegen Napoleon auf dem Kontinent aufgestellt wurde und 1816 im Heer des neuen Königreichs Hannover aufging. Adolph Friedrich amtierte zwischen 1831 und 1837 in Hannover als Vizekönig für seinen Bruder Wilhelm IV., der weiterhin in London amtierte, und genoss nicht nur wegen seiner Jovialität, sondern auch wegen seiner eher liberalen politischen Anschauungen große Beliebtheit.

1814/1815 – Der Sieg über Napoleon und seine Folgen in Großbritannien und Hannover

So sehr Großbritannien und Hannover für die Beendigung der napoleonischen Herrschaft über Europa gekämpft hatten und so überzeugend auch der Sieg der Koalition gegen den korsischen Kaiser ausgefallen war, so sehr war die Frage nach dem weiteren Fortgang der politischen Geschehnisse 1815 zunächst nebulös. Großbritanniens Position blieb unangetastet, ja durch den Ausfall der kontinentalen französischen Konkurrenz wurde es eigentlich jetzt erst zur unangefochtenen Weltmacht. Militärische Einmischungen in Europa vermied das Vereinigte Königreich jedoch. Auf dem Kontinent waren mit Preußen, Österreich und Russland immerhin drei Mächte untereinander im Streit um eine Führungsrolle. Der Wiener Kongress sollte unter diesen Umständen eine Neuordnung des politischen Systems in Europa unter Einschluss Großbritanniens erarbeiten.

Im Oktober 1814 erklärte sich Kurhannover auf dem Kongress selbst zum Königreich. Mit dem Erwerb des Herzogtums Arenberg-Meppen im Emsland, der Niedergrafschaft Lingen, der Grafschaft Bentheim sowie des Fürstentums Ostfriesland gelang eine erhebliche Arrondierung des Besitzes vor allem in Richtung Westen und auf die Nordseeküste zu. Die Zuweisung des Stifts Hildesheim und der ehemaligen Reichsstadt Goslar erfüllten lange gehegte politische Ziele der Welfen. Hannover war, wenngleich nicht in jeder Hinsicht, einer der Gewinner dieser Neuordnung.

Geblieben und unangetastet belassen wurde die Personalunion zwischen beiden Königreichen, bis 1820 formal in der Hand Georgs III., faktisch seit 1811 bereits in der Hand Georgs IV. und kurzzeitig danach noch unter Wilhelm IV.

Georg IV. (1820–1830) und Wilhelm IV. (1830–1837)

Das Verhältnis Georgs IV. zu seinem kranken Vater war zerrüttet: Nicht nur die Regierungsunfähigkeit des Vaters, sondern auch die nichtstandesgemäßen Beziehungen des Sohnes sorgten für Konfliktstoff. Die letztlich 1795 geschlossene Ehe des Thronfolgers mit einer Wolfenbütteler Verwandten ging sehr bald unglücklich auseinander. Nicht eigentlich als Herrscher, sondern eher als Gentleman, als Kunstförderer, als Figur des gesellschaftlichen Lebens besaß Georg IV. Einfluss. Die Kunstepoche des Regency Style verdankt ihm den Namen. Einzig hervorzuheben ist aus seiner Regierungszeit das Bemühen um eine Gleichberechtigung katholischer Untertanen im Vereinigten Königreich, ein Vorhaben, dem er sich ebenso entschieden wie erfolglos entgegenstellte. 1830 starb er, lange schon an der Krankheit seines Vaters leidend. «Die Trauer über seinen Tod überschritt nicht das vorgeschriebene Maß» (Aschoff).

Auf Georg IV. folgte sein jüngerer Bruder Wilhelm Herzog von Clarence und St. Andrews, der seine hohe militärische Stellung kaum seiner Eignung als vielmehr der Zugehörigkeit zur Königsfamilie verdankte. Politisch galt sein Bemühen einer moderaten Parlaments- und Wahlrechtsreform, Zeichen der auch in Großbritannien einbrechenden Moderne des frühen 19. Jahrhunderts. Mit Wilhelms IV. Tod am 20. Juni 1837 endete das Zeitalter der Personalunion. Aufgrund unterschiedlicher erbrechtlicher Bestimmungen in Hannover und Großbritannien folgte ihm im Vereinigten Königreich seine Nichte Viktoria (1837–1901) als Tochter des verstorbenen nächstjüngeren Bruders, im Königreich Hannover sein jüngerer Bruder Ernst August Herzog von Cumberland (1837–1851).

II. In zweiter Linie: Die Braunschweiger Welfen (17. Jh.–1815)

Die Begründung des Neuen Hauses Braunschweig durch August d. J. aus der Dannenberger Linie des Mittleren Hauses Lüneburg sollte diesem Teil des welfischen Herrschaftsgebietes ein bis 1884 durchgehend amtierendes Herrscherhaus bescheren. Freilich täuscht diese Feststellung darüber hinweg, dass auch in diesem welfischen Haus die Nachfolgefragen alles andere als unproblematisch geregelt werden konnten und dass es mit einer kurzlebigen Nebenlinie in Bevern ab 1667 eine heutzutage nahezu vergessene Abspaltung erfuhr, in der – wie an anderen Stellen des Neuen Hauses Braunschweig auch – der wesentliche Unterschied zu den Hannoveraner Verwandten mehr als deutlich wurde: Die Braunschweiger Welfen waren als Offiziere, oftmals Feldherren in fremden Diensten bekannt und kamen in der europäischen Kriegswelt der Frühen Neuzeit weit herum.

Im Verlaufe des 17. Jahrhunderts setzte unter den welfischen Höfen vor allem das Wolfenbütteler Fürstentum kulturelle Maßstäbe weit über Norddeutschland hinaus und wurde lediglich zeitweise von Hannover mit Herrenhausen erreicht, wenngleich nicht überboten. Herzog August d. J. (1635–1666) war ein vielfältig interessierter und für Kultur außerordentlich offener Herrscher. In den dreißig Jahren seiner Regierung machte sich der beim Amtsantritt bereits 56jährige Herrscher vor allem einen Namen als Gründer einer Bibliothek, die aufgrund einer ebenso durchdachten wie raschen und aufwendigen Ankaufspolitik bald Zehntausende von Bänden umfasste. Noch im 17. Jahrhundert erhielt sie den Rang eines «Achten Weltwunders» zugeschrieben und trägt bis heute als Herzog August Bibliothek in Wolfenbüttel den Namen ihres Gründers.

Augusts dritte Ehefrau Sophia Elisabeth von Mecklenburg-Güstrow († 1676) förderte vor allem Theater und Musik am

Hofe, komponierte selbst und war als Schriftstellerin bekannt. Auch Augusts Sohn aus zweiter Ehe Anton Ulrich (1685–1714) war seit seiner Jugend ein geachteter Dichter und Schriftsteller. In jenen Jahren war der Wolfenbütteler Hof, nicht zuletzt wegen des kulturellen Profils der Herzogin, ein gesuchter Ort für die Erziehung von Prinzen aus anderen Territorien und Staaten.

Neben der kulturellen Prägung Anton Ulrichs, der seinem glücklosen Bruder Rudolf August (1666–1704) schon seit 1685 als Mitregent zur Seite gestanden hatte, zeichneten ihn ausgesprochen ambitionierte Pläne aus, die er allerdings nicht einmal ansatzweise verwirklichen konnte. Als politisches Kernproblem seiner Herrschaftszeit erwies sich das Verhältnis zu Hannover, vor allem nach der Erhebung in den Kurfürstenstand 1692. Naturgemäß konnte Anton Ulrich dieser Entwicklung nicht positiv gegenüberstehen, sondern versuchte vielmehr, durch den Erwerb des Fürstentums Lüneburg die Machtbalance innerhalb der welfischen Familie zu seinen Gunsten zu verändern. Diese Versuche führten zu einem Desaster für Wolfenbüttel: Ein kaiserliches Mandat von 1702 und ein Blitzkrieg der beiden anderen welfischen Linien gegen Wolfenbüttel machten allen Hoffnungen ultimativ ein Ende. Es sollte bis 1706 dauern, ehe sich der mittlerweile allein regierende Anton Ulrich zu einer Verständigung zwischen Celle und Hannover sowie seinem Fürstentum bereitfand. Mit seiner Konversion zum Katholizismus im Jahre 1710 aber machte er kaum später deutlich, dass er den Vorrat an Gemeinsamkeiten mit den traditionell protestantischen welfischen Vettern für eher gering hielt; andererseits konnte er damit an eine schon ältere Tradition anknüpfen, denn schon in der Reformationszeit hatte Wolfenbüttel unter der Regierung von katholischen Herzögen gestanden.

Anton Ulrich starb 1714 in Salzdahlum, dem von ihm erbauten Lustschloss in der Nähe seiner Residenzstadt Wolfenbüttel. Das 1813 abgerissene Schloss war einer der bedeutendsten Repräsentationsbauten der Welfen und beherbergte eine wichtige Gemäldesammlung, die heute den Kern des Braunschweiger Herzog Anton Ulrich-Museums bildet und dem kunst- und kultursinnigen Herzog ein bleibendes Denkmal setzt.

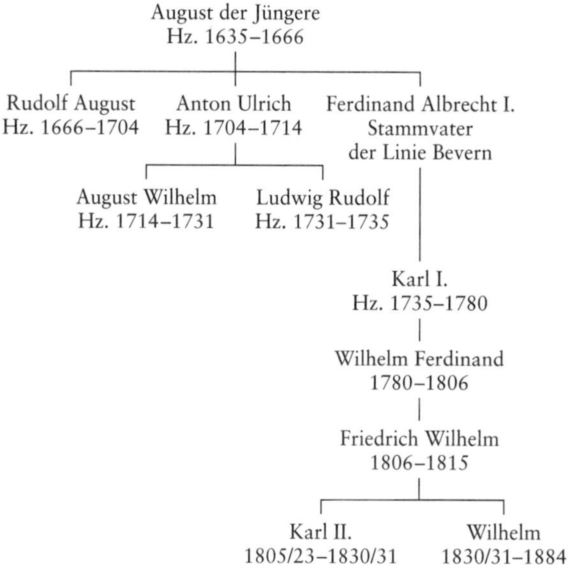

Die Braunschweiger Welfen bis 1884

Eher skurriler Natur schien zunächst das Entstehen einer winzigen Nebenlinie des Hauses Wolfenbüttel in Bevern: Anton Ulrichs Halbbruder Ferdinand Albrecht I., in seinem Kunstsinn ähnlich wie Anton Ulrich selbst geprägt, in seiner Exzentrizität unübertroffen und von ständigem Argwohn gegenüber den älteren Brüdern bestimmt, erhielt 1667 diese Kleinstherrschaft übertragen. 1687 folgte ihm sein Sohn August Ferdinand, der ein erfolgreicher Militär und in Wolfenbütteler wie in Reichsdiensten an nahezu allen bedeutenden Konflikten seiner Zeit beteiligt war, u. a. im Spanischen Erbfolgekrieg als Kommandeur der Truppen des Niedersächsischen Reichskreises. Mit Ferdinand Albrecht II. (1704–1735) erlangte ein Angehöriger der Linie Bevern durch Erbe dann die Nachfolge im gesamten Fürstentum Wolfenbüttel. Die weiter bestehende Linie Bevern wies bis zu ihrem Aussterben in männlicher Linie beachtliche Militärs in ihren Reihen auf und stand insofern in einer Tradition auswärtiger Militärdienste der Angehörigen des Wolfenbütteler Hauses. Zu dieser Tradition gehörte bereits im 18. Jahrhundert auch die Tatsache, dass Welfen oftmals in preußischen Diensten zu finden sind, eine Kontinuität, die bis 1918 zu einem besonderen Verhältnis Braunschweigs zu Preußen führen sollte.

In der Wolfenbütteler Herrschaft folgten auf Anton Ulrich nacheinander seine beiden Söhne August Wilhelm (1714–1731) und Ludwig Rudolf (1731–1735) als Herzöge, der ältere der beiden ein ebenso kunstsinniger wie weltfremder Herrscher, der die Niederungen des Alltags seinen Ratgebern überließ, der jüngere ein ebenso kulturell aufgeschlossener Spieler, der seit 1690 in der ihm überlassenen Grafschaft Blankenburg residiert hatte, einem welfischen Besitz, der der Familie bis 1945 verblieben ist. Er baute Blankenburg um 1700 in Konkurrenz zu Wolfenbüttel zu einem kulturellen Zentrum von Rang aus. Über seine Tochter vererbte der söhnelos gestorbene Herzog die Herrschaft über Wolfenbüttel an die Nebenlinie Bevern.

Das Jahr 1735 war für die Wolfenbütteler Welfen nachgerade katastrophal: Zwar war die Nachfolge des verstorbenen Ludwig Rudolf einvernehmlich geregelt worden, aber der begünstigte Ferdinand Albrecht II. starb nur wenige Monate später und hinterließ mit Karl I. (1735–1780) einen Sohn, der mit der Situation des hoffnungslos überschuldeten Territoriums nur schwer zu Rande zu kommen schien. Eher eine schwache Persönlichkeit, überdies mit nur beschränkten geistigen Gaben versehen, dazu mit ungewöhnlichen Herausforderungen politischer und wirtschaftlicher Natur konfrontiert, zeigte dieser bei den Untertanen ungewöhnlich beliebte Herzog, wie sehr es unter den Verhältnissen der Monarchie immer auch auf die persönlichen Qualitäten des Herrschers ankam. Verheiratet war Karl I. mit Philippine Charlotte von Preußen, einer Schwester König Friedrichs II. des Großen von Preußen, während Karls Schwester Elisabeth Christine ihrerseits mit dem preußischen König die Ehe eingegangen war: Enger war die dynastische Verbindung zweier Häuser nicht zu denken.

Die Heiraten waren Ausdruck einer geänderten politischen

Orientierung: Nicht mehr Habsburg und die Kaiser waren die Leitsterne der braunschweigischen Politik, sondern nun die preußischen Hohenzollern. Das sollte sich bis 1918 nicht ändern und war, vor allem in den Jahren nach 1866, ein weiteres Argument für eine durchaus spürbare Entfremdung zwischen den Hannoveraner Welfen, die durch Preußen ihre Monarchie verloren hatten, und den Braunschweiger Vettern, die ebendiesem Preußen nicht nur politisch verbunden waren und blieben.

1753/54 verlegte Karl I. die Residenz seines Herzogtums von Wolfenbüttel nach Braunschweig und ließ das dortige Stadtschloss weiter ausbauen. Wolfenbüttel verlor an Rang und Bedeutung. Der unter Karl I. dort seit 1770 amtierende Bibliothekar Gotthold Ephraim Lessing (1729–1781), einer der bedeutendsten deutschen Dichter der Aufklärung, empfand die kulturelle Isolierung in Wolfenbüttel bereits sehr deutlich. Die Welfenresidenzen des 18. Jahrhunderts fanden sich in den großen Städten, nicht in den angestammten kleineren Residenzstädtchen: Braunschweig statt Wolfenbüttel, Hannover statt Celle.

Im Verlaufe des Siebenjährigen Krieges (1756–1763) wurde das Herzogtum Wolfenbüttel, das sich nicht den Preußen angeschlossen hatte, 1757–1759 von französischen Truppen besetzt und erst aufgrund des welfischen Sieges in der Schlacht von Minden 1759 wieder befreit. An der Spitze der Koalitionstruppen in Minden unter Führung Kurhannovers stand damals als kommandierender General und Feldmarschall Herzog Ferdinand, ein jüngerer Bruder Karls I., einmal mehr ein Braunschweiger Welfe als Militär in auswärtigen Diensten. Die Kriegsereignisse machten dem Lande mehr als deutlich, dass die wirtschaftlichen Belastungen aus solchen Auseinandersetzungen kaum zu tragen waren und dass das Herzogtum gut daran tat, sich an größere Mächte anzulehnen: Heiraten des Erbprinzen Karl Wilhelm Ferdinand in das Haus der Hannoveraner Welfen und der Prinzessin Elisabeth Christine Ulrike in das Haus der Hohenzollern waren die unmittelbare Folge dieser Erfahrungen.

Karl I. führte in seinem Land, getragen von den Gedanken des aufgeklärten Absolutismus, eine Reihe bedeutender Reformen ein. So etwa beschäftigte er sich sehr zeittypisch mit Möglichkeiten zur Verbesserung des Steueraufkommens und mit Wirtschaftsreformen, als deren Grundlage er eine umfassende Landesvermessung durchführen ließ. Die Gründung von Bankinstituten bescherte dem Herzogtum 1765 die Vorläuferin der heutigen Landesbank, die Gründung einer Brandversicherungskasse zeigte das Bemühen um obrigkeitliche Vorsorge für den Katastrophenfall. Im Bildungswesen galt das besondere Interesse den Schulen sowie der Gründung des Collegium Carolinum in Braunschweig 1745, einer Bildungseinrichtung mit stark natur- und ingenieurwissenschaftlichem Profil, auf die die heutige Technische Universität Braunschweig zurückgeht. Dagegen erlitt die Landesuniversität Helmstedt, auch wegen des Aufkommens der Konkurrenz in Göttingen seit 1737, nicht aufholbare Verluste und versank bis zu ihrem Ende (1810) in der Bedeutungslosigkeit.

Herzog Karl Wilhelm Ferdinand (1780–1806) wurde Nachfolger seines Vaters Karl I., dem er schon seit 1773 die Regierungsgeschäfte weitgehend abgenommen hatte. Er hatte in jungen Jahren dieselbe militärische Karriere, auch in preußischen Diensten, hinter sich gebracht wie manch andere seiner Verwandten. Als regierender Herzog setzte er den aufgeklärten Kurs in Braunschweig fort, kam aber auch weiterhin bis 1794 seinen Pflichten als preußischer Feldmarschall in den Feldzügen und auf den Schlachtfeldern seiner Zeit nach. Daneben betrieb er die dringend notwendige Entschuldung seines Herzogtums. Ungewöhnliche Maßnahmen ergriff er zu diesem Zweck, so etwa die Senkung von Steuern oder den Ausschluss fürstlicher Kammergüter als Kreditsicherheiten, wodurch die Möglichkeit der weiteren öffentlichen Verschuldung deutlich begrenzt wurde. Insgesamt gelang es ihm, den aberwitzigen Schuldenberg nicht nur abzubauen, sondern letztlich einen Überschuss in den Kassen des Landes zu erzielen.

Karl Wilhelm Ferdinands Bestrebungen zur Verbesserung des Bildungswesens brachten 1786 den Dessauer Erzieher Joachim Heinrich Campe nach Braunschweig. Ziel des Herzogs war die Beschränkung der geistlichen Schulaufsicht und ihre Übertragung auf ein Schuldirektorium mit weltlicher Mehrheit, eine Idee, die ihrer Zeit weit voraus war und sich als nicht realisierbar erwies. Geblieben sind ein von Campe gegründeter Verlag und eine aufklärerisch geprägte Öffentlichkeit, die von einer relativ zurückhaltenden Zensur im Lande profitierte. Braunschweig-Wolfenbüttel war in den Jahrzehnten der Herrschaft Karls I. und seines Nachfolgers Karl Wilhelm Ferdinand zu einem wichtigen Ort deutscher Aufklärung geworden. Köpfe wie Lessing und Campe, aufklärerische Journale und eine selbstbewusst agierende Bürgerschaft in der Residenzstadt Braunschweig sorgten dafür, dass sich ein geistiges Milieu entwickeln konnte, dessen Offenheit weit über die Grenzen des Herzogtums hinaus wirksam wurde. Dabei war die Prägung dieses Milieus durchaus von dem annähernd gleichzeitigen aufklärerischen Netzwerk im preußischen Staat unterscheidbar: Vor allem Karl Wilhelm Ferdinand ließ den Aufklärern weitaus größere Freiheiten, als das in Preußen der Fall war, zumal aber weit mehr als im benachbarten Kurhannover.

Karl Wilhelm Ferdinand bestimmte in den letzten Tagen seines Lebens – als Militär reaktiviert und in der Schlacht von Jena und Auerstedt 1806 tödlich verwundet – seinen jüngsten Sohn Friedrich Wilhelm zum Nachfolger. Der vorgesehene Erbprinz war kurz vorher gestorben, zwei weitere Söhne hatten wegen körperlicher Beeinträchtigungen auf die Erbfolge verzichtet. Freilich sollte Friedrich Wilhelm, als Feldmarschall in preußischen Diensten eine legendäre Figur («der Schwarze Herzog»), die Nachfolge nicht antreten können. Noch 1806 wurde Braunschweig-Wolfenbüttel durch Franzosen besetzt und dem neuen Königreich Westphalen unter Napoleons Bruder König Jérome zugeschlagen. Erst nach der Befreiung von Napoleon konnte Friedrich Wilhelm Ende 1813 die Herrschaft antreten, von den Untertanen als militärischer Held der Befreiungskriege geradezu mythisch verehrt. Wenige Tage vor der Schlacht von Waterloo 1815 fiel der damals 44jährige Welfe an der Spitze seiner Truppen bei Quatre-Bras. Er hinterließ zwei unmündige Söhne, die ihm nacheinander in der Regierung folgen sollten.

12. Welfen als Könige in Hannover (1814–1866) und Herzöge in Braunschweig (1814–1918)

Das Königreich Hannover: Vom Gewinner 1814 zum Verlierer 1866

Durch die Proklamation des Jahres 1814 hatte der König von Großbritannien bekundet, für sein Hannoveraner Kurfürstentum künftig ebenfalls den Titel eines Königs zu führen. Damit waren die beiden Teile der immer noch bestehenden Personalunion rechtlich auf gleicher Ebene angelangt, und durch die erhebliche Erweiterung des Hannoveraner Gebietes, zu dem seit 1803 auch das bisherige Fürstbistum Osnabrück gehörte, war mit Hannover nun eine respektable deutsche Mittelmacht entstanden. Das war das Werk eines der bedeutenden Staatsmänner dieser Zeit: Ernst Friedrich Herbert Graf zu Münster (1766–1839) hatte in der Schlussphase der napoleonischen Herrschaft ebenso überzeugend wie erfolgreich die Sache der Welfen zu seiner eigenen gemacht. Er ist der eigentliche Vater des Aufstiegs der Welfen zu Königen von Hannover.

Noch bevor die welfische King's German Legion bei der Schlacht von Waterloo ihren Teil zum endgültigen Sieg über Napoleon beitrug, wurde im August 1814 ein Allgemeiner Landtag einberufen, 1819 eine Ständeversammlung mit zwei Kammern, in der zwar Vertreter der Städte, nicht aber der Landbevölkerung Sitz und Stimme besaßen. Gegen die Fortführung altständischer Privilegien, die auch König Wilhelm IV. für angemessen hielt, regte sich im Königreich Hannover bald Widerstand, der sich allerdings eher gegen die am Orte ansässigen Repräsentanten des Welfen als gegen ihn selbst richtete.

Gleiches galt auch für die insgesamt eher zurückhaltenden Aktionen während der Revolution von 1830, vor allem im Süden des Königreiches. Sie stärkten freilich einen in bestimmten gesellschaftlichen Kreisen vorhandenen Wunsch nach politischen Reformen, ja nach einem Systemwechsel. Zum Repräsentanten dieser Wünsche machte sich der seit 1814 amtierende Generalgouverneur des Königreichs, Herzog Adolph Friedrich von Cambridge, dessen Stellung 1831 durch die Erhebung zum Vizekönig noch aufgewertet worden war. Damit hatte König Wilhelm IV. freilich gleichzeitig den älteren Bruder Adolph Friedrichs, Ernst August, politisch desavouiert, der sich schon wegen seines Altersvorsprungs Hoffnungen auf diese Funktion gemacht hatte und 1837 auch tatsächlich König werden sollte. In den beiden Brüdern Ernst August und Adolph Friedrich standen sich – gewissermaßen personalisiert – die Entwicklungsalternativen für Hannover gegenüber: Ernst August als Ultrakonservativer («Hochtory»), der jedes Entgegenkommen in Richtung auf eine Liberalisierung und Konstitutionalisierung königlicher Herrschaft ablehnte, Adolph Friedrich als Konservativ-Liberaler, der seine Erfahrungen in Großbritannien in eine grundsätzliche Bereitschaft zu politischen Reformen umgemünzt hatte und eine Konstitutionalisierung für durchaus denkbar hielt.

Letztlich ist es dem Vizekönig zu danken, dass für Hannover ab 1831 ein Staatsgrundgesetz erarbeitet und 1833 durch König Wilhelm IV. auch in Kraft gesetzt wurde. Es machte in seinen Verfassungsgrundsätzen Hannover faktisch zur konstitutionellen Monarchie. Freilich war dieser durchaus zeitgemäßen und in Grenzen sogar fortschrittlichen Verfassung keine Dauer beschieden.

Nach dem Tode Wilhelms IV. folgte ihm als König von Hannover der nächstjüngere Bruder, der bereits genannte Ernst August, Herzog von Cumberland. Bereits 66 Jahre alt, hatte dieser Welfe eine unstete Karriere hinter sich: Als Militär bis zum General befördert und in den Kämpfen gegen die Französische Revolution erfahren, waren seine Hoffnungen enttäuscht worden, nach 1814 eine Funktion in Hannover zu erhalten. Stattdessen hatte er sich, zwischen Wohnsitzen in Berlin und London pendelnd, im Wesentlichen gesellschaftlichen Pflichten gewidmet, unterhielt mit seiner Frau Friederike, eine gebürtige Hohenzollerin, einen geachteten Salon und nahm seinen Sitz im britischen Oberhaus sehr ernst.

1837 König geworden, war eine seiner ersten Maßnahmen die Verweigerung des von ihm erwarteten Eides auf das Staatsgrundgesetz. Umgehend erklärte er es für ungültig, da es königliche Rechte beschnitten habe, setzte die vorhergehende Staatsordnung von 1819 wieder in Kraft und forderte von den Beamten einen Treueid auf den König. Damit brachte er eine der folgenreichsten Affären in der welfischen Geschichte überhaupt in Gang: die Auseinandersetzungen um die Göttinger Sieben.

Sieben Göttinger Universitätsprofessoren, an ihrer Spitze der Schöpfer des Staatsgrundgesetzes von 1833, Friedrich Christoph Dahlmann, verweigerten den ihnen abverlangten Eid, gingen weiterhin von der Gültigkeit des Staatsgrundgesetzes aus und sahen den König als Verfassungsbrecher an. Am 11. Dezember 1837 wurden sie aus dem Dienst entlassen, und drei von ihnen – Dahlmann, der Literaturwissenschaftler Gervinus und der Sprachwissenschaftler Jacob Grimm, der gemeinsam mit seinem Bruder Wilhelm dieser Gruppe angehörte – wurden umgehend des Landes verwiesen.

Die Folgen waren erheblich: Eine Opposition gegen den König und sein Verhalten entwickelte sich, an deren Spitze der vorsichtig liberal agierende Osnabrücker Bürgermeister Stüve stand, Beschlüsse der Ständeversammlung und des Landtags wurden verhindert, so dass bis 1840 ein faktisch verfassungsloser Zustand herrschte, der erst durch ein neues Landesverfassungsgesetz beendet wurde, durch das das welfische Königreich zu einem der reaktionärsten Staaten des Deutschen Bundes überhaupt wurde. Das alles beeindruckte König Ernst August nicht im Geringsten. Durch die Weigerung des Deutschen Bundes, sich die Forderungen der politischen Opposition nach der Wiederherstellung des Staatsgrundgesetzes von 1833 zu eigen zu machen, und durch eine in der Bevölkerung eher zunehmende Beliebtheit sah er sich in seinem Kurs eher noch gestärkt.

Deutlich anders verhielt sich der Welfe, damals immerhin schon 77 Jahre alt, beim Ausbruch der Revolution 1848. Weitgehende Zugeständnisse wie die Aufhebung der Zensur, die Koalitionsfreiheit, eine Amnestie für politische Gefangene, die Billigung von Bürgerwehren setzten Zeichen des Entgegenkommens gegen die Revolutionäre. Dazu gehörte auch die Einsetzung eines eher liberalen Ministeriums, dessen starker Mann der Osnabrücker Stüve werden und das bis zum Herbst 1850 im Amt bleiben sollte. Ernst August und Stüve sahen es als gemeinsames Ziel an, überschäumenden Forderungen der Revolutionäre durch ein kluges, aber begrenztes Entgegenkommen die Spitze zu nehmen. Schließlich kehrte das Königreich noch 1848 zum Staatsgrundgesetz von 1833 wieder zurück. Weitere Reformgesetze der Jahre 1850/52, so etwa die Trennung von Justiz und Verwaltung, trugen zu einer Modernisierung der politischen und gesellschaftlichen Verhältnisse im Königreich spürbar bei.

Im Jahre 1851 folgte auf den hochbetagt verstorbenen Ernst August sein Sohn Georg V., der der letzte König des Königreichs Hannover werden sollte. Von Geburt an kränkelnd, war er seit 1832 auf beiden Augen blind, was die Frage nach seiner Regierungsfähigkeit aufwarf. Verfassungsbestimmungen wurden so formuliert, dass er sein Amt antreten konnte. Ultrakonservativ wie sein Vater, reaktionär ohne die Fähigkeit zur Einsicht in das Unvermeidliche, überzeugt von einem längst allenthalben erledigten Gottesgnadentum jeder monarchischen Herrschaft, voller Sendungsbewusstsein, wirkte dieser persönlich gewinnende und geistig vielseitig interessierte Monarch wie aus der Zeit gefallen.

Seine politischen Maßnahmen sprachen für sich: Der Versuch der sofortigen Änderung der Verfassung, wieder zurück hinter das Staatsgrundgesetz von 1833, scheiterte in der zweiten Kammer des Parlaments. 1855 wurden auf Betreiben des Deutschen Bundes einige Klauseln dieses Grundgesetzes für ungültig erklärt; einmal mehr befand sich Hannover unter den verfassungsmäßig rückständigsten Staaten Deutschlands.

Georgs V. systematische Abneigung gegen alles Preußische, verbunden mit einer grob fahrlässigen Unterschätzung der politischen und militärischen Stärke Preußens, führte im Jahre 1866 geradewegs zum Verlust des Königreiches. Hatte noch am 15. Juni 1866 ein preußisches Ultimatum unter durchaus drückenden Bedingungen immerhin die Integrität des Königreiches Hannover garantieren sollen, so führte dessen Ablehnung durch den blinden König zur sofortigen preußischen Besetzung des Königreiches und – nach der nicht verlorenen Schlacht im thüringischen Langensalza am 27. Juni 1866 – zum Ende des hannoverschen Heeres, damit zum Ende des Königreichs. Letztlich setzten sich Bismarcks Pläne zu einer vollständigen Annektierung nicht nur Hannovers, sondern auch Hessens, Nassaus und der Reichsstadt Frankfurt durch: Anfang Oktober ergriff Preußen vom vormaligen Königreich Hannover offiziell Besitz. König Georg V. von Hannover, der letzte König aus welfischer Familie, verließ Hannover ins österreichische Exil.

Die Staatsfahne des Königreichs Hannover

Von 1815 bis 1837, also während der Jahre, in denen der König von Hannover gleichzeitig in Personalunion das Vereinigte Königreich von Großbritannien regierte, sowie ab 1860 wurde eine Staatsfahne benutzt, die die historischen Ansprüche der Welfen auf eine eindrucksvolle Art und Weise ins Bild setzt. Sie zu entschlüsseln, bedeutet gleichzeitig, die Vorgängerterritorien des Königreichs Hannover und das historische Werden der Personalunion zu verstehen.

Links oben und rechts unten – alle Richtungen werden hier vom Betrachter aus bezeichnet, also nicht heraldisch – finden sich übereinander drei nach links schreitende Leoparden (den Betrachter anschauende Löwen) in Gold auf Rot. Sie symbolisieren das Königreich England. Rechts oben ist ein steigender, nach links gewendeter Löwe in Rot vor einer doppelten roten Einfassung zu sehen, die mit Linien auf beiden Seiten verziert ist. Er symbolisiert das Königreich Schottland. Links unten findet sich eine goldene Harfe mit silbernen Saiten auf Blau als Symbol für Irland. Damit zeigen die vier äußeren Felder der Fahne die Bestandteile des Vereinigten Königreiches von Großbritannien.

Die hannoverschen Wappenbestandteile finden sich im Mittelschild, das den äußeren Feldern aufgelegt ist. Im oberen linken Drittel des Mittelschildes finden sich übereinander zwei nach links schreitende Leoparden in Gold auf Rot, das Symbol des

Herzogtums Braunschweig. Im oberen rechten Drittel findet sich ein steigender Löwe in Blau auf einem goldenen Feld, das mit roten Rosen bestreut ist, das Symbol des Herzogtums Lüneburg. Das untere Mitteldrittel zeigt das weiße («Sachsen»-)Ross auf rotem Grund, ein seit dem ausgehenden Mittelalter verbreitetes Symbol für das Stammesherzogtum Sachsen. Über dem Mittelschild findet sich die Krone des Königreichs Hannover, 1815 entworfen, aber erst 1843 wirklich angefertigt.

Auf das Mittelschild wiederum aufgelegt ist ein sogenanntes Herzschild mit der Kaiserkrone des Heiligen Römischen Reiches Deutscher Nation in Gold auf Rot, Hinweis auf die Kurwürde Hannovers seit 1692 und bleibender Anspruch auf Mitwirkung an der Führung eines Reiches, von dem man sich 1815 durchaus vorstellen konnte, dass es noch einmal wieder zum Leben zu erwecken sein würde.

Das Herzogtum Braunschweig: Zweierlei Welfen und ein Zwischenspiel

Nur kurz hatte Herzog Friedrich Wilhelm bis zu seinem Schlachtentod im Juni 1815 die Herrschaft im Herzogtum Braunschweig ausüben können. Er erlebte die Wiederherstellung des Territoriums nach der Niederlage Napoleons noch, musste aber auch hinnehmen, dass keinerlei Gebietszuwachs möglich war, obwohl auch die Braunschweiger Welfen gerne das Stift Hildesheim gewonnen hätten, das allerdings an die Hannoveraner Verwandten fiel.

Friedrich Wilhelm hinterließ zwei unmündige Söhne, für die sein Schwager, König Georg IV. von Großbritannien, die Vormundschaft ausüben sollte. Die beiden Linien des Welfenhauses hatten über das gemeinsame Erlebnis des Kampfes gegen Napoleon wieder näher zusammengefunden. Jedoch nahm Georg IV. seine Pflichten als Vormund nicht persönlich wahr, sondern delegierte sie an die leitenden Minister in Hannover und Braunschweig, den Grafen Münster und Wilhelm Justus Schmidt-Phiseldeck.

Der 1804 geborene Karl II. begann faktisch erst nach dem

Ende der Vormundschaft über ihn und nach der Rückkehr von einer Europareise zu regieren. Gerade für ein kleines Territorium wie Braunschweig waren diese verlängerten Antrittsbesuche bei auswärtigen Herrschern für die Bildung persönlicher und politischer Netzwerke von zentraler Bedeutung. Im Falle Karls II. galt das zumal deswegen in besonderem Maße, weil den jungen Prinzen eine Reihe von nicht allzu positiven Eigenschaften auszeichneten, die ihn im persönlichen Umgang nicht besonders charmant wirken ließen.

1827 ergriff Karl II. endgültig von seinem Herzogtum Besitz. Wie zehn Jahre später sein Vetter Ernst August von Hannover, so begann auch Karl mit dem Bruch einer geltenden Verfassung. Er verweigerte den Eid auf die Landesverfassung von 1820, die während seiner Minderjährigkeit im Namen des Vormundes Georg IV. erlassen worden war. Das brachte sowohl den britischen König wie auch den Deutschen Bund gegen Karl II. auf und führte darüber hinaus zu Konflikten mit den braunschweigischen Ständen, die sich 1829 ebenfalls an den Deutschen Bund wandten.

Das Ergebnis dieser, offensichtlich ohne jeglichen politischen Weitblick vom Zaun gebrochenen Auseinandersetzungen war es, dass der Widerschein der Pariser Julirevolution 1830 in Braunschweig so deutlich spürbar wurde wie sonst kaum irgendwo im Norden Deutschlands. Das Braunschweiger Stadtschloss, der barocke Vorgänger des Baus aus den späten 1830er Jahren, wurde von Aufständischen gestürmt und ging in Flammen auf. Der Herzog selbst suchte verzweifelt den Schutz seines königlichen Verwandten in London. Die Braunschweiger Ereignisse dieser Tage waren die erste deutsche Revolution, die zur Vertreibung eines Fürsten aus seinem Amt führen sollten.

Auf Einladung durch den braunschweigischen Landtag kam wenig später, noch 1830, Karls jüngerer Bruder Wilhelm ins Land, der außer Landes als preußischer Offizier Dienst getan hatte. Zunächst nur vorläufig als Generalgouverneur mit den Regierungsgeschäften betraut, amtierte er in einer rechtlichen Grauzone, bis am 10. März 1831 sein Bruder unter Mitwirkung von König Wilhelm IV. von Großbritannien für regierungsunfähig erklärt wurde.

Wilhelms lange Regierungszeit von 1830/31 bis 1884 verlief weitgehend unspektakulär. Das Herzogtum erhielt 1832 eine neue Verfassung, die weitere Elemente eines durchaus vorbildlichen Frühkonstitutionalismus aufwies und dem politischen Weitblick dieses damals 26jährigen Welfen ein bemerkenswertes Zeugnis ausstellte. Eine durchgreifende Gesetzgebung bewirkte die Modernisierung des Herzogtums, eine hervorragende Verwaltung setzte die landesherrlichen Maßnahmen entschlossen durch, und das alles geschah weitgehend ohne jene politischen und Verfassungs-Konflikte, die die Zeit des Vormärz in Deutschland sonst allenthalben kennzeichneten.

So nahmen unter der Regierung Herzog Wilhelms auch die Revolutionsmonate 1848 einen ruhigen Verlauf. Der Landesherr gab den üblichen Forderungen der Revolutionäre weitgehend Raum, gewährte Koalitions- und Pressefreiheit und schwächte die Zensur deutlich ab. Forderungen nach einer Veränderung der Verfassung von 1832 kamen gar nicht erst auf; sie wurde als ausreichend angesehen.

Anders als sein Hannoveraner Vetter König Georg V. verstand es Herzog Wilhelm in den 1850er und 1860er Jahren auch, das Verhältnis zu Preußen befriedigend zu gestalten. Wesentlich kleiner als Hannover, führte Braunschweig schon seit dem 18. Jahrhundert eine eher preußenfreundliche Politik. Auch jetzt beharrte es nicht auf einem machtpolitischen Gegensatz, in dem für die Braunschweiger Welfen nichts zu gewinnen war, und konnte dadurch die Integrität auch über 1866 hinaus bewahren. Braunschweig blieb welfisch, war seit 1866 aber auf allen Seiten nun von preußischen Gebieten umgeben.

Problematisch war die Regelung der Thronfolge für Herzog Wilhelm. Weder er noch sein älterer Bruder hatten erbberechtigte Nachkommen, so dass nach dem Hausvertrag zwischen Braunschweig und Hannover vom 4. Februar 1863 die Hannoveraner Linie das Erbe hätte antreten sollen. Beim Tod des Braunschweiger Herzogs 1884 aber waren die Verhältnisse längst nicht mehr diejenigen vor 1866. Hannover war annektiert worden, der letzte König Georg V. war 1878 verstorben, und dessen Sohn Ernst August (1845–1923) hatte weder die Annexion anerkannt noch auf die Nachfolge in Hannover rechtsgültig verzichtet. Unter diesen Umständen war eine Nachfolge Ernst Augusts in Braunschweig für Preußen nicht hinnehmbar.

Aufgrund des Regentschaftsgesetzes von 1879 wurde vielmehr ein Jahr nach Herzog Wilhelms Tod am 18. Oktober 1884, also im Oktober 1885, Prinz Albrecht von Preußen, ein Neffe Kaiser Wilhelms I., zum Regenten gewählt und nahm dieses Amt, wenngleich eher distanziert und weitgehend ohne eigentliches Engagement, bis zu seinem Tode 1906 wahr. Als danach Ernst August für sich selbst und seinen Sohn Georg Wilhelm (1880–1912) immerhin zum Verzicht auf Hannover bereit war, reichte auch dies für Preußen nicht aus; man erwartete einen Verzicht aller Welfen auf alle Ansprüche als Vorbedingung für einen Herrschaftsantritt in Braunschweig. Einstweilen wurde deswegen 1907 wiederum ein auswärtiger Fürst zum Regenten gewählt, Herzog Johann Albrecht von Mecklenburg-Schwerin.

Letztlich bahnte sich in diesen Jahren aber dennoch ein welfisch-preußischer Ausgleich an: Ernst Augusts gleichnamiger Sohn, der jüngere Bruder Georg Wilhelms, war zwischenzeitlich als bayerischer Offizier auf die Reichsverfassung vereidigt worden und galt damit als politisch gegenüber Preußen mindestens neutral. Nach dem Tode Georg Wilhelms durch einen Autounfall wurde die Heirat Ernst Augusts (1887–1953) mit Prinzessin Viktoria Luise von Preußen, einer Tochter Kaiser Wilhelms II., angebahnt und 1913 vollzogen. Am 1. November 1913 konnte Ernst August vom Herzogtum Braunschweig Besitz ergreifen, nachdem sein Vater zu seinen Gunsten verzichtet hatte. Als Offizier, mittlerweile der preußischen Armee, nur sporadisch im Ersten Weltkrieg eingesetzt, konnte sich Ernst August im Wesentlichen in Braunschweig aufhalten, unterstützt von seiner Frau, die vielfältige kriegstypische karitative Aufgaben wahrnahm.

Unter dem Eindruck von Streiks seit 1916 und ihrer zunehmenden Politisierung im Jahre 1917 erstarkte in Braunschweig eine sozialdemokratisch getragene Opposition gegen die Monarchie. Früher als anderswo kam es zu revolutionären Erhebungen: in Braunschweig bereits am 3. November 1918. Am 8. November wurde ein Generalstreik ausgerufen. Herzog Ernst August von Braunschweig dankte noch am gleichen Tage als erster Fürst des Deutschen Reiches ab und übertrug die Herrschaftsrechte einem Arbeiter-und-Soldaten-Rat. Die Monarchie war an ihr Ende gekommen, die Welfen waren endgültig keine regierenden Fürsten mehr.

13. Enttäuschte Hoffnungen auf Rückkehr: Hannovers Welfen nach 1866

Mit der Inbesitznahme des Königreichs Hannover durch Preußen war die rechtliche Stellung Georgs V. die eines ehemaligen Monarchen ohne Thron, Land und Herrschaft. Diesen Zustand anzuerkennen war er nicht bereit. Um die Frage welfischer Thronansprüche, Restitutionsforderungen und Vermögenswerte sollte sich ein Streit zwischen der Familie und dem Königreich Preußen entwickeln, der bis zur Aussöhnung im Jahre 1913 die Beziehungen bestimmte.

Nach der militärischen Kapitulation am 29. Juni 1866 hatte König Georg V. das Land verlassen müssen, während ihm die Verfügung über sein Privatvermögen erhalten blieb. Wenige Tage verbrachte er in Sachsen-Altenburg, dann folgte er einer Einladung Kaiser Franz Josephs nach Wien, wo er am 19. Juli eintraf. Einige Wochen später bezog er in Hietzing bei Wien ein kleines Anwesen, das seit 1854 im Besitz seines Vetters Herzog Wilhelm von Braunschweig war, der es ihm als Wohnung zur Verfügung stellte.

Es zählt zu den Merkwürdigkeiten dieser Vorgänge, dass der König in seiner Heimat gerade das Schloss nicht mehr hatte fertigstellen lassen können, das heute vor allen anderen Schlössern der Welfen mit dieser Familie verbunden wird: die Marienburg bei Nordstemmen. 1857 war der Bau dieser Schlossanlage begonnen worden, fertiggestellt werden sollte sie erst 1867. Ihren Namen hatte sie nach Georgs V. Ehefrau Marie von Sachsen-Altenburg, für die der Bau als Geschenk bestimmt gewesen war. Tatsächlich bewohnt hat Marie, gemeinsam mit ihrer Tochter Prinzessin Mary, die Marienburg nach der Abreise ihres Mannes ins Exil nur bis 1867. Architekten der Marienburg waren der Hannoveraner Conrad Wilhelm Hase, einer der bedeutenden Vertreter der Neugotik, sowie sein Schüler Edwin Oppler. Sie schufen im Äußeren wie im Innern dieses Baues eine beeindruckende Vision des 19. Jahrhunderts von einem idealisierten Mittelalter mit Einsprengseln vieler anderer Bau- und Ausstattungsperioden. Die Marienburg blieb als Privateigentum der Welfen vom Verlust ihrer Herrschaftsrechte unangetastet und befindet sich bis heute im Besitz der Familie.

In Wien hatte Georg V., dem 1867 auch seine Ehefrau dorthin gefolgt war, 1870 das Palais Lothringen in unmittelbarer Nähe des Schlosses Schönbrunn bezogen, zog allerdings bald von dort nach Gmunden am Traunsee um. Dort entstand in den Jahren von 1882 bis 1886 das Schloss Cumberland als Exilwohnsitz von Georgs Sohn Ernst August, der es bis zu seinem Tode 1923 bewohnte.

Weder Georg V. noch zunächst Ernst August, sein Sohn, waren zu einem Verzicht auf ihre Herrschaftsansprüche über Hannover bereit. Das äußerte sich nicht nur darin, dass sie auch im Exil weiterhin einen standesgemäßen Hofstaat um sich versammelten, sondern dass Georg V. auch eine Exilregierung unterhielt. Darin spielten welfentreue Minister wie der Katholik Ludwig Windthorst eine wichtige Rolle, auch in der Verbindung zwischen dem exilierten König und den Welfengetreuen in der Hannoveraner Heimat. Freilich umgab sich Georg V. auch mit sinistren Gestalten wie dem Schriftsteller und Diplomaten Oskar Meding, der im Auftrage des Königs in Paris unter anderem die Aufstellung einer Welfenlegion betrieb, die für den Fall eine Rückkehr Georgs nach Hannover den Kern einer loyalen Truppe bilden sollte.

Ein Jahr nach der preußischen Annexion und nach monatelangen Verhandlungen wurde am 29. September 1867 ein Abfindungsvertrag zwischen Preußen und Georg V. nebst seiner Familie geschlossen. Gegen die Rückerstattung von Staatsgeldern, die der Monarch 1866 heimlich nach Großbritannien hatte schaffen lassen, wurde ihm das Eigentum an Schloss Herrenhausen sowie der Domäne Calenberg am Fuße der Marienburg überlassen, dazu eine erhebliche jährliche Rente. Herrenhausen und Calenberg sollten zur Nutzung jedoch nur freigegeben werden, wenn der König seinen Thronverzicht bekanntgegeben habe.

Georg V.
Kg. von Hannover 1851–1866
† 1878

Ernst August
Hz. von Cumberland
† 1923
verh. Thyra von Dänemark

Ernst August
Hz. von Braunschweig 1913–1918
† 1953
verh. Viktoria Luise von Preußen
† 1980

Ernst August von Hannover
*1914, † 1987
verh. Ortrud zu Schleswig-Holstein-Sonderburg-Glücksburg
*1923, † 1980

Ernst August von Hannover
*1954
1. Ehe Chantal Hochuli
2. Ehe Caroline von Monaco

Ernst August von Hannover
*1983

Heinrich von Hannover
*1961

Stammtafel der Welfen nach 1866

Da Georg dazu nicht bereit war, erfolgte am 2. März 1868 die Sequestrierung des Vermögens; es wurde mithin beschlagnahmt. Aus den Kapitalien, die bisher für die Rentenzahlung benutzt worden waren, wurde nun der preußische Welfenfonds eingerichtet. Die Erträge des Fonds unterlagen keinerlei Kontrolle durch den Reichstag oder andere politische Gremien, sondern sie wurden insgeheim ausgegeben. Zunächst wurden daraus Maßnahmen gegen welfische Loyalisten bestritten. So wurde Presseberichterstattung angeregt und gefördert, die sich gegen die Welfen richteten, aber auch die Überwachung loyalistischer Umtriebe durch geheime polizeiliche Maßnahmen wurde daraus bestritten, ja sogar Schlossbauten der Wittelsbacher teilweise aus Mitteln dieses Welfenfonds bezahlt, für den sich seit 1869 der Begriff «Reptilienfonds» einbürgerte. Nach dem Tode Georgs V. 1878 erhielt seine Witwe Marie daraus eine Rente ausgezahlt, aber erst 1892 kamen die Erträge auf Weisung Kaiser Wilhelms II. wieder dem Chef des Welfenhauses zugute.

Georg V. verstarb am 12. Juni 1878 in Paris. Beigesetzt wurde er in der St. George's Chapel in Windsor, der Begräbniskapelle seines 1820 verstorbenen Großvaters Georg III.

Wie Georg V., so hielt auch sein Sohn Ernst August, Herzog von Cumberland (1845–1923), die Ansprüche auf den Thron in Hannover sowie auf das Herzogtum Braunschweig aufrecht. Diese Ansprüche teilte er nach dem Tode seines Vaters Kaiser Wilhelm I. in einem Schreiben mit, das er an den «König von Preußen» adressieren ließ, also nicht an den «Deutschen Kaiser». Aus dieser Titulatur mochte man schließen – und in Preußen tat man es –, dass der exilierte Thronfolger nicht bereit war, die Reichsverfassung anzuerkennen.

Seit 1878 war Ernst August mit Prinzessin Thyra von Dänemark, der Tochter König Christians IX., verheiratet. Diese Heirat führte zu erheblichen Differenzen zwischen Dänemark und Preußen, das in der Verheiratung der Prinzessin mit einem «Reichsfeind» einen offenen Affront sah und daraufhin Teile der Friedensvereinbarungen nach dem Deutsch-Dänischen Krieg von 1863/64 bis auf weiteres außer Kraft setzte. Mit seiner Ehefrau Thyra hatte Ernst August sechs Kinder. Auffallend ist, dass keine der Töchter mehr in regierende Häuser Europas verheiratet werden konnte: Die Welfen hatten nach 1866 in der Familie der europäischen Könige auch in dieser Hinsicht deutlich an Status verloren.

Nach den langwierigen Auseinandersetzungen um die braunschweigische Thronfolge seit 1884 und nach mehrfachen, zunächst anhaltend erfolglosen Versuchen, Ernst August von Cumberland zum Thronverzicht auf Hannover zu drängen, kam eine Versöhnung zwischen den Welfen und dem Königreich Preußen erst unmittelbar vor dem Ausbruch des Ersten Weltkrieges zustande. Zwar hatten sich schon im Jahrzehnt vor

1913 Anzeichen einer Entspannung abgezeichnet, aber tatsächlich bedurfte es in den Augen Kaiser Wilhelms II. immer noch der Verzichtserklärung des Hauses Hannover auf eine Wiedererlangung der Herrschaftsrechts über das ehemalige Königreich.

Gmunden wurde, wie schon bald nach 1866, so auch wieder erneut nach 1918 zum Ort welfischen Exils. Ernst August von Braunschweig, von 1913 bis 1918 regierender Herzog von Braunschweig, errichtete sich neben dem von seinem Vater bewohnten Schloss Cumberland, seit 1919 einen herzoglichen Wohnsitz, die Villa Weinberg.

14. Welfengeschichten III: Onno Klopp und Georg Schnath

«Kleindeutsche Geschichtsbaumeister» sah der Historiker und Publizist Onno Klopp (1822–1903) am Werk, wenn es darum ging, die Rolle Preußens und der Hohenzollern in der deutschen Geschichte hervorzuheben und die Bedeutung Österreichs und der mit ihm verbundenen Welfen in Hannover zu schmälern. Damit traf der aus Ostfriesland stammende und in der Umgebung König Georgs V. von Hannover zu Bedeutung gekommene Verfasser unzähliger Bücher auf Interesse bei welfischen Gefolgsleuten und bei Gegnern der preußischen Vormacht innerhalb des Deutschen Bundes und ab 1871 des Deutschen Reiches.

Klopp war ein schwieriger Charakter: Voller Minderwertigkeitsgefühle steckend, völlig humorlos und in Gesellschaft wie sonst im Leben eigenbrötlerisch, vermied er, wo es ging, öffentliche Auftritte, war empfindlich gegenüber Kritik und egozentrisch in der Auffassung von sich selbst. Nach Studium und Promotion hatte er sich 1848 auf der Seite der radikalen Demokraten publizistisch betätigt, bald danach aber in einem radikalen Gesinnungswandel zu konservativ-monarchistischen Positionen gefunden. Er stand zur Subjektivität jeder Geschichtsschreibung und nannte die von Ranke und seiner Schule angestrebte Objektivität des Historikers eine bloße «Bemäntelung der eigenen Schwäche».

Von König Georg V. erhielt er 1861 den Auftrag, eine mehrbändige Ausgabe der Leibniz-Werke zu erarbeiten und begann mit den historisch-politischen Schriften. Elf Bände erschienen bis 1884, eine bis heute beeindruckende und qualitativ hochwertige Leistung. Vom König als sein Historiograph angesehen und bezeichnet, nahm er lediglich 1865/66 als Leiter der Archivverwaltung kurzzeitig einen öffentlichen Posten ein, begleitete den letzten welfischen Monarchen nach der Kapitulation von Langensalza ins österreichische Exil und bewahrte dem König eine Form der Anhänglichkeit, die kaum Grenzen kannte.

Zwischen 1866 und dem Deutsch-Französischen Krieg 1870 veröffentlichte Klopp mehr als achtzig kleinere Publikationen, in denen er für die Wiederherstellung der hannoverschen Königsherrschaft und die Ansprüche des Welfen auf sein Vermögen eintrat. Er ließ kein gutes Haar an den Preußen, insbesondere an Wilhelm I., und seine Bücher waren gleichzeitig von der Angst vor deren Übermacht durchzogen: Klopp war ein Großdeutscher, für den eine föderale Struktur Deutschlands unter österreichischer Führung das politische Ideal darstellte.

1869 begann Klopp Arbeiten an einer groß angelegten Darstellung der Geschichte der hannoverschen Sukzession in England, die 1714 zur Personalunion führen sollte, und noch nach dem Ende der hannoverschen Monarchie eine Programmschrift zu ihrer Weltbedeutung.

Nach dem Tode Georgs V. 1878 verlor Klopp an Einfluss in der Öffentlichkeit. Längst schon österreichischer Staatsbürger geworden und zum Katholizismus konvertiert, blieb er als Propagandist von überlebten Ideen im Gedächtnis. Unter den Historikern des 19. Jahrhunderts war er einer der großen Verlierer. Dominierend wurden immer mehr borussisch geprägte, kleindeutsche Sichtweisen auf die Entwicklung des deutschen Nationalstaats, während eine Betrachtung der Reichsgeschichte aus welfisch-hannoverscher Sicht weder ernsthaft betrieben wurde noch wissenschaftlich oder politisch irgendeine Bedeutung behalten hätte.

Der Weg vom Universalgelehrten Leibniz über seinen Editor Onno Klopp führt geradezu zwangsläufig auf den letzten bedeutenden Vertreter einer welfischen Geschichtsauffassung, den Archivar und Historiker Georg Schnath (1898–1989). Aus welfisch geprägtem Elternhaus in Hannover stammend, sah Schnath seit den ausgehenden 1920er Jahren die Landesgeschichte der Frühen Neuzeit nahezu ausschließlich als Ergebnis des Handelns der Landesfürsten. Ihnen und ihrer Politik galt sein Werk, mit dem Ziel, dem verlorenen Fürstentum, Kurfürstentum und Königreich der Hannoverschen Welfen ein Denkmal zu setzen.

Über Jahrzehnte beschäftigte sich Schnath mit einer am Ende vierbändigen Geschichte Hannovers in den Jahren zwischen 1674 und 1714. Ihm ging es wie Klopp darum, diese vermeintlich bedeutendste Epoche der welfischen Geschichte der Neuzeit zu schildern. Dabei nahm er besonders den Weg zur Erlangung der Kurwürde 1692 in den Blick, denn ihm schien dieses, nicht etwa die Personalunion mit England, als der bedeutendste Schritt, den das Welfenhaus in der Politik Europas erreichen sollte. In seinen Arbeiten geht es letztlich nahezu immer um die Frage, wie es den Hannoveraner Welfen gelingen konnte, im Reich und – mehr noch – in Norddeutschland zu einer der führenden Familien zu werden. Dabei ließ Schnath «seine» Welfen wohl etwas zu mächtig und bedeutend erscheinen, während er für die Politik der österreichischen Habsburger und zumal der preußischen Hohenzollern weit weniger Verständnis aufbrachte.

Noch kurz vor seinem Tod erschien unter Schnaths Namen eine Veröffentlichung, die Aufsehen erregte: 1983 war das weltberühmte Evangeliar Heinrichs des Löwen in einer Versteigerung angeboten und – trotz öffentlich nie erklärter Besitzverhältnisse – von einer Bietergemeinschaft unter Leitung der Bundesrepublik Deutschland für 32,5 Millionen DM als das damals teuerste Buch der Welt erworben worden. Schnath gab seinen Namen für ein langes Gutachten zur Besitzgeschichte dieser Handschrift in den Jahren zwischen ihrer Entstehung und 1935. Er galt als dermaßen unangefochtene Autorität in Sachen welfischer Geschichte und genoss das Vertrauen der Familie ebenso wie das der damaligen Verantwortlichen in Politik und Kultur so weitgehend, dass ihm das welfische Hausarchiv für dieses Gutachten geöffnet wurde. Landesgeschichte und Politik waren auch damals in Niedersachsen eng mit der Familie der Welfen verknüpft.

Welfengeschichte und Welfengeschichten: Sie hingen im 19. und 20. Jahrhundert nahezu untrennbar zusammen. Schaut man genauer hin, handelt es sich fast ausschließlich um die

Hannoveraner Welfen, die ihr Gegenstand sind. Das Schicksal dieser bis 1866 regierenden königlichen Familie bestimmte den Blick auf die Geschichte der Familie insgesamt. Dagegen standen die Braunschweiger Welfen der Neuzeit lange Zeit eher im Schatten der wissenschaftlichen Erforschung, zumal sie scheinbar auch politisch weniger erfolgreich gewesen waren. Es schien lange, als führte von Herzog Heinrich dem Löwen eine gerade Linie bis zum Königreich Hannover.

15. Nachmonarchische Zeiten: Die Welfen seit 1918

Die Welfen hatten 1866 im Königreich Hannover und endgültig im Gefolge der Revolution des Jahres 1918 auch im Herzogtum Braunschweig ihre Herrschaftsrechte als Monarchen eingebüßt. Wie die anderen ehemals regierenden Häuser sahen sie sich nun mit einem demokratischen Staat konfrontiert, der seinerseits erhebliche Probleme damit besaß, den Umgang mit den Königen und Fürsten vergangener Zeiten angemessen so zu regeln, dass diese Modalitäten den Erwartungen der parlamentarischen Demokratie und den Erfordernissen der Rechtssicherheit für alle Beteiligten entsprach. Da dies weder insgesamt zufriedenstellend noch gegenüber einzelnen Familien rechtlich korrekt und nachvollziehbar erfolgte, sollte das politisch-juristische Problem der Fürstenentschädigungen zu einer schweren Belastung für die Anfangsjahre der Weimarer Republik werden. Im Falle der Welfen sollten die Auseinandersetzungen erst 1933 durch einen Spruch des Reichsgerichts beigelegt werden können.

1918/19 waren die entscheidenden Personen auf der Seite der Welfen der in Gmunden im Exil lebende Sohn und Thronfolger Georgs V., Ernst August Herzog von Cumberland (1845–1923), sowie sein gleichnamiger Sohn Ernst August von Braunschweig (1887–1953), der Ehemann der preußischen Prinzessin Viktoria Luise. Naturgemäß richteten sich ihre Bemühungen zunächst auf die Restitution von Besitz und Einkünften aus dem soeben erst beseitigten Herzogtum Braunschweig, während die Auseinandersetzungen um die Hannoveraner Güter schon seit zwei Jahrzehnten im Grundsatz erledigt waren, wenngleich sie nun unter veränderten Umständen wieder aufzuleben schienen. Ziel der Bemühungen war es, den Besitz an Kammergut, an Schlossinventarien und Kunstsammlungen wieder zurückerstattet zu erhalten, der im Verlaufe der Revolution 1918 dem Freistaat Braunschweig übertragen worden war.

Um dieses Ziel zu erreichen, prozessierte die Familie seit 1921 vor Gerichten des Freistaates. 1924 beendete ein außergerichtlicher Vergleich diese Auseinandersetzungen, wie dies in vergleichbaren Fällen ehemals herrschender Familien auch in der Mitte der zwanziger Jahre erfolgte. Die Welfen bekamen damals das Große und Kleine Schloss Blankenburg am Harz wieder zugewiesen, das seit 1599 ununterbrochen in Familienbesitz gewesen war und nun als Privateigentum der Familie der Welfen zugesprochen wurde. Ernst August von Cumberland hat diese Entwicklung nicht mehr miterlebt, sondern starb am 14. November 1923 in Gmunden. Sein Sohn bezog das Blankenburger Schloss von 1930 bis zur Enteignung und Flucht 1945. Bemühungen der Familie um Besitzrestitution in Blankenburg nach dem Ende der DDR 1990 sind nicht erfolgreich verlaufen.

1933 obsiegten die Welfen in einem Verfahren gegen das Land Preußen vor dem Reichsgericht und bekamen den Welfenfonds wieder zugesprochen. Durch die Geldentwertung während der Hyperinflation 1922/23 war von den ursprünglichen Kapitalien kaum mehr etwas vorhanden, so dass Preußen zur Bereitstellung von 8 Millionen Reichsmark sowie zur Rückübertragung weiterer Liegenschaften verurteilt wurde. Damit war die Vermögenssituation des Hauses Hannover deutlich gebessert.

Freilich war bereits 1930 ein Verkauf bedeutender Kunstschätze durch die Welfen in der Öffentlichkeit bekannt geworden: Ernst August hatte einer Gruppe von Kunsthändlern den sogenannten Welfenschatz verkauft, der bereits über Jahre hinweg als Kreditsicherheit bei Banken verpfändet gewesen war. Im Kern handelte es sich dabei um einen der bedeutendsten mittelalterlichen Reliquienschätze, denjenigen des Braunschweiger Domes St. Blasius. Er umfasste vor allem Reliquiengefäße des Mittelalters, die von den Welfen ihrer Stiftskirche in Braunschweig als Schenkung überlassen worden waren. 1671, als Braunschweig seine weitgehende Unabhängigkeit vom Herzogtum Braunschweig-Wolfenbüttel eingebüßt hatte, wurde der Schatz an den regierenden Herzog Johann Friedrich übergeben.

1866 als Privateigentum des letzten Königs von Hannover deklariert, ging der Welfenschatz nach Österreich und wurde jahrelang in Wien öffentlich gezeigt. 1928 hatte Ernst August begonnen, nach Käufern für diesen Schatz zu suchen, war dabei aber nicht erfolgreich gewesen. 1930 übernahmen jüdische Kunsthändler den Schatz, der zu Teilen in den Jahren 1930–32 in die USA verkauft wurde, u. a. nach Cleveland und Detroit, dessen verbliebene 42 Stücke dann 1934/35 unter im Einzelnen noch nicht geklärten Umständen, unter erheblichem Druck der nationalsozialistischen preußischen Regierung und mit Hilfe der Dresdner Bank zu auffallend niedrigen Preisen an das Kunstgewerbemuseum in Berlin gingen. Fragen eventueller Restitution an die zum Verkauf genötigten Kunsthändler der Jahre 1934/35 sind derzeit (2014) noch nicht entschieden.

Nicht in allen Einzelheiten bekannt sind die Umstände, die 1983 zum Verkauf des im Familienbesitz befindlichen Helmarshausener Evangeliars führten. Es wurde bei Sotheby's in London für 32,5 Millionen DM von einer Bietergemeinschaft erworben, zu der sich die Bundesrepublik Deutschland, die Bundesländer Niedersachsen und Bayern sowie die Stiftung Preußischer Kulturbesitz zusammengefunden hatten. Seither wird die weltweit bekannte, unermesslich kostbare Handschrift in der Herzog August Bibliothek Wolfenbüttel aufbewahrt.

Ernst August von Braunschweig war im August 1933 aus Gmunden nach Blankenburg umgezogen, nicht zuletzt wegen der von dort aus wesentlich leichteren Verwaltung des umfangreichen Besitzes an Ländereien, den die Familie seit den gerichtlichen Entscheidungen der 1920er Jahre wieder in Besitz hatte. Allem Anschein nach hielt er sich von der Politik der Nationalsozialisten fern und trat überhaupt relativ selten in der Öffentlichkeit auf. Eine der seltenen Ausnahmen waren die Feierlichkeiten zur Wiederherstellung des Großen Gartens in Schloss Herrenhausen im Juni 1937, den die Familie zuvor an die Stadt Hannover verkauft hatte. Ernst August selbst, seine Frau Viktoria Luise und deren Tochter Friederike Luise flanierten an diesem Tage durch den Garten, der Herzog inmitten von Uniformträgern als einer der wenigen in Zivil. Das damals noch bestehende Schloss wurde am 18./19. Oktober 1943 Opfer eines Luftangriffes und in äußerlich weitgehend gebliebenen Formen 2013 als Tagungszentrum der Volkswagen-Stiftung wieder errichtet.

1945 ist Ernst August mit seiner Familie vor der sowjetischen Besetzung Blankenburgs nach Westen geflohen. Kunstwerke und Mobiliar des Schlosses konnten weitgehend mitgenommen werden und fanden auf der Marienburg und in der Domäne Calenberg, dem neuen Sitz der Familie, ihre neue Heimat. Dort lebte nach dem Tode Ernst Augusts 1953 auch sein gleichnamiger Sohn Ernst August (IV.) (1914–1987), der nach dem Attentat des 20. Juli 1944 in Gestapohaft genommen worden war. Prinzessin Viktoria Luise (1892–1980) überlebte ihren Mann um 27 Jahre; als Verfasserin von Memoirenwerken genoss sie, vor allem an ihrem letzten Wohnort Braunschweig, eine erhebliche Popularität.

Nachkommen Ernst Augusts (IV.) aus seiner Ehe mit Prinzessin Ortrud zu Schleswig-Holstein-Sonderburg-Glücksburg (1925–1980) sind Ernst August (V.) (* 1954), verheiratet mit Caroline Prinzessin von Monaco, sowie der Verleger Heinrich Julius (* 1961). Der älteste Sohn Ernst Augusts (V.), der Bankier Ernst August (VI.) (* 1983), ist derzeit auf Schloss Marienburg ansässig und setzt damit eine Tradition seiner Familie fort.

Literaturverzeichnis

Moderne Überblicksdarstellungen

Bernd Schneidmüller: Die Welfen. Herrschaft und Erinnerung (819–1252), Stuttgart 2000.

Hans-Georg Aschoff: Die Welfen. Von der Reformation bis 1918, Stuttgart 2010.

Beide Bände geben den neuesten Forschungsstand wieder, enthalten ausführliche Literaturverzeichnisse (Schneidmüller S. 317–353; Aschoff S. 295–310) und zahlreiche Stammtafeln. Die Lücke zwischen 1252 und der Reformation kann geschlossen werden durch

Ernst Schubert, Geschichte Niedersachsens vom 9. bis zum ausgehenden 15. Jahrhundert, in: Geschichte Niedersachsens, Bd. 2/1: Politik, Verfassung, Wirtschaft vom 9. bis zum ausgehenden 15. Jahrhundert, hg. von Ernst Schubert, Hannover 1997, S. 3–904, besonders S. 575–872, *sowie durch*

Ulrich Schwarz, Die Entstehung des Landes Braunschweig im späten Mittelalter (1252–1495), in: Die Braunschweigische Landesgeschichte. Jahrtausendrückblick einer Region, hg. von Horst-Rüdiger Jarck/Gerhard Schildt, Braunschweig 2000, S. 231–266,

beides Handbuchbeiträge, die naturgemäß nicht allein eine Geschichte der Welfen sind, aber dennoch eine Fülle von Informationen dazu bieten.

Eine übersichtliche und verlässliche Stammtafel findet sich auf der Internetpräsenz von Heinrich Prinz von Hannover unter http://www.welfen.de/stammtafel.html (1.12.2013), weitere Stammtafeln u. a. bei Schneidmüller S. 10–13 und Aschoff S. 311–319.

1. Die Suche nach dem Ursprung im Karolingerreich: Die Älteren Welfen in Burgund und in Schwaben (9.–11. Jh.)

Alles Wesentliche bei Schneidmüller, *oben unter Überblicksdarstellungen,* S. 40–149.

Wolfgang Hartung, Die Herkunft der Welfen aus Alemannien, in: Die Welfen. Landesgeschichtliche Aspekte ihrer Herrschaft, hg. von Karl-Ludwig Ay u. a., Konstanz 1998, S. 23–55, *vertritt die These seines Titels.*

Hermann Kamp, Geschichte Burgunds (C. H. Beck Wissen), München ²2012, *S. 11–59 zur welfischen Periode in Burgund.*

2. Familiärer Neuanfang: Die Jüngeren Welfen in Bayern und Schwaben

Alles Wesentliche bei Schneidmüller, *Die Welfen, oben unter Überblicksdarstellungen,* S. 105–179.

Die Welfen, hg. von Ay, *oben unter Kap. 1.*

3. Welfengeschichten I: Die Historia Welforum

Historia Welforum, hg. von Erich König, Stuttgart 1938, Nachdruck: Sigmaringen ²1978, *mit Darlegungen zur Verfasserschaft S. VII–XXIV.*

Matthias Becher, Der Verfasser der ‹Historia Welforum› zwischen Heinrich dem Löwen und den schwäbischen Ministerialen des welfischen Hauses, in: Heinrich der Löwe, hg. von Johannes Fried/Otto Gerhard Oexle, Ostfildern 2003, S. 347–380, *sucht den Verfasser im Umkreis Heinrichs des Löwen.*

4. *«Berühmt durch Siege und im Ruhm erhaben» – Die königsgleichen Herzöge Welf VI. und Heinrich der Löwe*

Joachim Ehlers, Heinrich der Löwe, München 2008, *groß angelegte Biographie auf allerhöchstem Niveau.*

Heinrich der Löwe und seine Zeit. Herrschaft und Repräsentation der Welfen 1125–1235, hg. von Jochen Luckhardt/Franz Niehoff, 3 Bde., München 1995, *opulent bebilderter, herausragender Katalog einer bedeutenden Ausstellung.*

Heinrich der Löwe, hg. von Fried/Oexle, *oben unter Kap. 3, mit gelungener Zusammenfassung durch Franz-Reiner Erkens S. 427–449.*

Welf VI., hg. von Rainer Jehl, Sigmaringen 1995, *Sammelband mit präziser Zusammenfassung des Forschungsstandes.*

Werner Hechberger, Staufer und Welfen 1125–1190. Zur Verwendung von Theorien in der Geschichtswissenschaft, Köln u. a. 1996, *eine ungemein intelligente Dekonstruktion des vermeintlichen Staufer-Welfen-Gegensatzes.*

5. *Eine unübersichtliche Konkursmasse, der einzige welfische Kaiser und der Weg zum Herzogtum Braunschweig-Lüneburg (1180–1235)*

Bernd Ulrich Hucker, Kaiser Otto IV., Hannover 1990, *sehr materialreiche «Wiederentdeckung» des einzigen welfischen Kaisers.*

Heinrich der Löwe und seine Zeit, *oben unter Kap. 4.*

6. *Teilungen, Kämpfe, Konsolidierung: Die welfischen Fürstentümer im späten Mittelalter*

Schubert, Geschichte Niedersachsens, *oben unter Überblicksdarstellungen,* S. 706–735, 783–801, *knapper, lexikalischer Überblick mit sehr eigenständigen Wertungen.*

Gudrun Pischke, Die Landesteilungen der Welfen im Mittelalter, Hildesheim 1987, *ist eine skrupulöse Untersuchung der zahlreichen Teilungen, instruktiv auch durch die beigegebenen Karten.*

7. *Konkurrenten um die Vormacht, Gegner im Glauben: Welfen im 16. Jahrhundert*

Aschoff, Die Welfen, *oben unter Überblicksdarstellungen,* S. 9–63.

Manfred von Boetticher, Niedersachsen im 16. Jahrhundert, in: Geschichte Niedersachsens, Bd. 3/1: Politik, Wirtschaft und Gesellschaft von der Reformation bis zum Beginn des 19. Jahrhunderts, hg. von Christine van den Heuvel/Manfred von Boetticher, Hannover 1998, S. 21–116, vor allem S. 60–98, *ist das Standardhandbuch zur politischen Geschichte.*

8. *Calenberg, Celle, Hannover: Der Weg zur Kurwürde (17. Jh.)*

Aschoff, Die Welfen, *oben unter Überblicksdarstellungen,* S. 65–174.

Gerd van den Heuvel, Niedersachsen im 17. Jahrhundert (1618–1714), in: Geschichte Niedersachsens, Bd. 3/1, *oben unter Kap. 7,* S. 156–164.

Der Klassiker der Politik- und Diplomatiegeschichte ist immer noch Georg Schnath, Geschichte Hannovers im Zeitalter der Neunten Kur und der englischen Sukzession 1674–1714, 5 Bde., Hildesheim 1938–1982, *eine unerschöpfliche Fundgrube für Details.*

9. Welfengeschichten II: Gottfried Wilhelm Leibniz

Aus der schier endlosen Literatur zu Leibniz sei einzig und allein hingewiesen auf Gottfried Wilhelm Leibniz, Schriften und Briefe zur Geschichte, hg. von Malte-Ludolf Babin und Gerd van den Heuvel, Hannover 2004, S. 13–50 *(Einleitung durch van den Heuvel).*

10. Hannover und London: Das Zeitalter der Personalunion mit Großbritannien (1714–1837)

Aschoff, Die Welfen, *oben unter Überblicksdarstellungen,* S. 174–226.

Christof Römer, Niedersachsen im 18. Jahrhundert (1714–1803), in: Geschichte Niedersachsens, Bd. 3/1, *oben unter Kap. 7,* S. 221–346.

Zur Landesausstellung des Landes Niedersachsen «Als die Royals aus Hannover kamen. Hannovers Herrscher auf Englands Thron 1714–1837» (Celle/Hannover 2014) erscheint ein gleichnamiger, wissenschaftlicher Katalog.

11. In zweiter Linie: Die Braunschweiger Welfen (17. Jh.–1815)

Gerd van den Heuvel, S. 152–156, *oben unter Kap. 8;* Christof Römer, Niedersachsen im 18. Jahrhundert, *oben unter Kap. 10.*

Christof Römer, Das Zeitalter des Hochabsolutismus (1635–1715), in: Die Braunschweigische Landesgeschichte. Jahrtausendrückblick, *oben unter Überblicksdarstellungen,* S. 535–574, *sowie* Peter Albrecht, Das Zeitalter des aufgeklärten Absolutismus (1715–1806), S. 575–610.

12. Welfen als Könige in Hannover (1814–1866) und Herzöge in Braunschweig (1814–1918)

Aschoff, Die Welfen, *oben unter Überblicksdarstellungen,* S. 227–288.

Mijndert Bertram, Das Königreich Hannover, Hannover 2003, *eine sehr gut lesbare Darstellung, nicht frei von Empathie.*

Alexander Dylong, Hannovers letzter Herrscher. König Georg V. zwischen welfischer Tradition und politischer Realität, Göttingen 2012, *von welfenfreundlicher Sichtweise geprägt, sehr eindrücklich in der Schilderung eines schwierigen Charakters.*

13. Enttäuschte Hoffnungen auf Rückkehr: Hannovers Welfen nach 1866

Aschoff, Die Welfen, *oben unter Überblicksdarstellungen,* S. 260–263, 278–281.

Dylong, Hannovers letzter Herrscher, *oben unter Kap. 12,* S. 187–211.

Isabel Maria Arends, «Gothische Träume». Die Raumkunst Edwin Opplers auf Schloß Marienburg, Hannover 2005, *eine hervorragende kunsthistorische Darstellung der Bau- und Ausstattungsgeschichte der Marienburg.*

14. Welfengeschichten III: Onno Klopp und Georg Schnath

Lorenz Matzinger, Onno Klopp (1822–1903). Leben und Werk, Aurich 1993, *und* Paul Weßels, «Weiche nicht den Bösen, tritt kühner ihnen entgegen.» Der Historiker Onno Klopp. Eine biographische Studie auf der Grundlage seiner Tagebücher, Leer 2003, *sind die biographischen Standardwerke zu Klopp.*

Ernst Schubert, Georg Schnath als Geschichtsschreiber, in: Georg Schnath zum Gedenken, hg. von Waldemar R. Röhrbein/Ernst Schubert, Hannover 2001, S. 9–26, *führt in Schnaths Werk essayistisch ein.*

15. Nachmonarchische Zeiten: Die Welfen seit 1918

Knappe Bemerkungen bei Aschoff, Die Welfen, *oben unter Überblicksdarstellungen,* S. 287f. – *Alle genealogischen Angaben nach öffentlich zugänglichen Informationen (u. a. http://de.wikipedia.org/wiki/Stammtafel_der_Welfen, Zugriff 1.12.2013).* – *Zu den spektakulären Fällen des Verkaufs von Kunstbesitz:* Klaus Jaitner, Der Reliquienschatz des Hauses Braunschweig-Lüneburg («Welfenschatz») vom 17. bis zum 20. Jahrhundert, in: Jahrbuch Preußischer Kulturbesitz 23, 1986, S. 391–422; Georg Schnath, Besitzgeschichte des Helmarshausener Evangeliars Heinrichs des Löwen, in: Wolfenbütteler Beiträge 7, 1987, S. 175–265.

Personen- und Ortsregister

Abkürzungen: Bf. – Bischof, Bt. – Bistum, EBf. – Erzbischof, EBt. – Erzbistum, Gf. – Graf, Gft. – Grafschaft, Hl. – Heiliger, Hz. – Herzog, Hzt. – Herzogtum, Kf. – Kurfürst, Kg. – König, Kgr. – Königreich, Ks. – Kaiser, Mgf. – Markgraf, Pfgf. – Pfalzgraf.
Geographische Bezeichnungen, die lediglich der Orientierung dienen, bleiben unberücksichtigt. Das Stichwort «Welfen» sowie die Bezeichnungen der verschiedenen welfischen Fürstentümer vor 1815 wurden nicht aufgenommen.